LA VÉNÉRABLE MÈRE

JEANNE DE LESTONNAC

ESQUISSE BIOGRAPHIQUE

Par le P. Adrien TEYSSÈDRE
De la Compagnie de Jésus.

SUIVIE D'UNE NOTICE

SUR

LE P. JEAN DE BORDES

De la même Compagnie,

COOPÉRATEUR DE LA VÉNÉRABLE MÈRE DANS LA FONDATION DE L'ORDRE DES FILLES DE NOTRE-DAME

TOULOUSE
IMPRIMERIE L. HÉBRAIL ET DELPUECH
5, RUE DE LA POMME, 5

1884

LA VÉNÉRABLE MÈRE

JEANNE DE LESTONNAC

LA VÉNÉRABLE MÈRE

JEANNE

DE LESTONNAC

ESQUISSE BIOGRAPHIQUE

Par le P. Adrien TEYSSÈDRE

De la Compagnie de Jésus.

SUIVIE D'UNE NOTICE

SUR

LE P. JEAN DE BORDES

De la même Compagnie,

COOPÉRATEUR DE LA VÉNÉRABLE MÈRE DANS LA FONDATION DE L'ORDRE DES FILLES DE NOTRE-DAME

TOULOUSE

IMPRIMERIE L. HÉBRAIL ET DELPUECH

5, RUE DE LA POMME, 5

1884

APPROBATION

DE

SON ÉMINENCE LE CARDINAL DESPREZ

ARCHEVÊQUE DE TOULOUSE

Nous approuvons et recommandons cette esquisse biographique et la notice qui la suit. Les lecteurs y trouveront édification et intérêt. Ils y verront comment DIEU, dans les temps tourmentés, ne manque pas de susciter des âmes généreuses, qui savent s'entendre, pour signaler et conjurer les périls auxquels les faibles auraient pu succomber. Ils admireront cette noble et sainte figure de la Mère de Lestonnac, appelée providentiellement à fonder l'Ordre de Notre-Dame, qui se répandit si vite, et dans lequel ses saintes filles perpétuent son esprit, ses vertus et son dévouement à l'éducation, si importante et si délicate, des jeunes personnes.

Donc nous souhaitons plein succès à ces pages; qu'elles reçoivent partout bon accueil dans les communautés, dans les familles, au sein de nos villes, au fond de nos campagnes, et qu'elles réalisent tout le bien que s'est proposé, dans sa pieuse ambition, celui qui les a écrites.

Toulouse, 25 février 1884.

✠ FL., *Card.-Archev. de Toulouse.*

PROTESTATION DE L'AUTEUR

Tous les faits que nous racontons dans cette notice sont extraits d'un ouvrage muni de hautes approbations et dédié au pape Benoît XIV. Nous les soumettons toutefois, sans réserve, à l'appréciation de notre mère la sainte Église.

Toulouse, 2 février 1884, fête de la Purification de la Très Sainte Vierge.

LA VÉNÉRABLE

JEANNE DE LESTONNAC

FONDATRICE

DE LA COMPAGNIE DES FILLES DE NOTRE-DAME

Née à Bordeaux en 1556, morte en la même ville, le 2 février 1640, déclarée vénérable le 6 septembre 1834.

Dieu est admirable dans ses saints. Admirable, sans doute, par les trésors de grâce dont il les enrichit, mais aussi par l'à-propos avec lequel il les suscite au sein de son Église. Contre tout nouveau sectaire, signalé sous le drapeau de Satan, se lève sans retard un de ces grands victorieux, que la sagesse du Créateur a préparés au monde pour les heures critiques. Ainsi les deux cités, toujours en présence, sont en lutte toujours; et si l'histoire de l'Église n'est que l'émouvant récit de cette longue guerre, la vie de chaque saint en peut être appelée un glorieux épisode.

Cette loi de la Providence, si souvent constatée

depuis l'origine des siècles, nous frappe particulièrement dans la vénérable servante de Dieu, Jeanne de Lestonnac, dont nous voudrions rappeler brièvement les grandes vertus.

Nous voici en plein seizième siècle. C'est l'heure où la prétendue Réforme exerce partout ses ravages.

Ignace de Loyola, terrassé sur les remparts de Pampelune et converti l'année même où Luther lève l'étendard de la révolte : voilà bien une première réponse de Dieu à la sacrilège audace des réformateurs.

Mais le rebelle a jeté le trouble jusque dans les asiles de la prière et de la paix; et, d'autre part, les doctrines empoisonnées de Calvin menacent de nouveaux dangers la jeunesse de l'un et l'autre sexe. Dieu va donc multiplier les secours, les adapter aux formes changeantes du fléau. Au souffle de sa grâce, on voit les solitudes du cloître refleurir, et les vierges, que l'amour divin y rassemble, sentent s'allumer dans leurs cœurs le feu du zèle et de l'apostolat. Jeanne de Lestonnac a compris qu'il faut, avant tout, sauvegarder l'éducation chrétienne; sur ce champ de bataille, elle entre la première, avec son bataillon d'élite rangé sous la bannière de Marie et prêt à tous les dévouements. Autre réponse de Dieu aux nouveautés impies de Luther et de Calvin.

Ces pensées et ces vues, nous essaierions de les justifier, s'il en était besoin; nous nous efforcerons, en tout cas, de les propager, par l'esquisse rapide de l'humble et sainte vie qui les a fait naître.

A défaut d'autre mérite, ces courtes pages auront celui-là même qui paraît le plus invraisemblable, le mérite de quelque actualité. Comme au seizième siècle, comme à l'heure où DIEU suscitait Jeanne de Lestonnac et son œuvre apostolique, n'avons-nous pas vu nos maisons religieuses assiégées, envahies, dépeuplées par la Révolution? Et, tous les jours, ne voyons-nous pas l'athéisme légal multiplier ses écoles et s'abattre, pour l'étouffer, sur l'âme de l'enfant?

DIEU se lèvera pour prendre en main sa cause : c'est l'invincible espérance que nourrissent nos cœurs. Mais en attendant l'heure de DIEU, qu'il nous soit permis d'affermir notre foi, d'échauffer nos courages, au souvenir d'une vie dont l'œuvre capitale fut une protestation anticipée contre les attentats de l'impiété contemporaine.

I

Jeanne de Lestonnac naquit à Bordeaux, l'an 1556. Elle fut l'aînée de quatre enfants, deux garçons et deux filles. Son père, Richard de Lestonnac, conseiller au Parlement de la ville, était un magistrat éminent, et, ce qui vaut mieux encore, d'une fidélité inviolable à ses convictions catholiques. Sa mère, Jeanne Deyquem de Montaigne, moins attachée à la foi, avait donné dans les erreurs nouvelles et se montrait même ardente calviniste. Grand malheur assurément pour l'enfant qui vient de naître. On se demande avec effroi si la vie surnaturelle de cette âme ne va pas être flétrie dans sa fleur. Le moyen, au sortir du berceau, de se défendre contre sa propre mère ?

Dieu a pourvu à tout : aux influences maternelles, il oppose un heureux contrepoids dans la foi vive et l'ardente piété du père. M. de Lestonnac ne souffrira point qu'on élève sa fille dans une religion que sa conscience condamne.

A vrai dire, ces précautions de la divine Providence n'étaient pas superflues. Une mère, on le sait, aime à se retrouver dans son enfant : Mme de Lestonnac voulut sa fille en tout point faite à son image. Mais comment réaliser, jusque dans les convictions religieuses, une ressemblance si ardemment désirée ? Nulle tentative ouverte ne pouvait aboutir ; il fallait donc dissimuler l'attaque. Jeanne, que défendait la présence de son père, lui fut habilement soustraite et confiée à une tante maternelle. Digne sœur de Mme de Lestonnac, cette personne professait secrètement le calvinisme :

elle ne négligea rien pour en infiltrer le venin dans le cœur innocent qui lui était livré. De concert avec la mère, elle multiplia les moyens de séduction et livra des assauts continuels à cette foi si jeune encore et déjà si affermie. Jeanne était menée au prêche, entourée de livres hérétiques, où elle devait apprendre à lire, mêlée à des conversations habilement conduites. Les exhortations et, sans doute aussi, les larmes maternelles complétaient une tactique trop bien concertée. Les châtiments, la correction trouvaient même leur place.

C'était beaucoup pour une âme d'enfant : ce ne fut pas assez pour vaincre la petite Jeanne. Rien ne réussit, les menaces pas plus que les caresses. La grâce du baptême, jointe à un fond de raison et d'équité peu commun, rendit cette enfant invincible.

M. de Lestonnac intervint d'ailleurs à temps : informé sans doute de ce qui se passait, il rappela sa fille, et la remit en des mains plus charitables et plus sûres.

II

Cette protection admirable ne fut pas la seule preuve que Dieu voulut donner de la délicatesse de sa providence à l'égard de cette enfant de bénédiction. Il avait opposé les influences du père aux séductions de la mère; au prosélytisme de la tante, il opposa de même le zèle naissant d'un des frères de Jeanne.

François (c'était le nom du petit apôtre) fréquentait, à Bordeaux, le collège des Jésuites, qui venait de s'ouvrir. Les maîtres, en dénonçant aux jeunes écoliers les nouvelles erreurs, ne manquaient pas de leur fournir des armes adaptées à leur petite taille. Aussi plusieurs de ces enfants, encore en bas âge, se montraient déjà d'intrépides soldats de Jésus-Christ, également prêts à soutenir l'attaque et à livrer l'assaut. Sur ce champ de manœuvre, le jeune François se distinguait entre tous. Nul n'écoutait avec plus d'attention et nul ne paraissait plus empressé à reproduire les arguments suggérés. C'est qu'au fond du cœur une voix ne cessait de lui dire : Courage ! tu travailles pour deux.

Et en effet, de retour au logis, le généreux enfant s'empressait de livrer à sa sœur les petits trésors de science amassés tout exprès pour elle durant la journée. Admirables préludes d'un zèle qui devait grandir et mériter à cette âme si apostolique la grâce de la vocation religieuse dans la Compagnie de Jésus ! Touchante intimité de deux cœurs fraternels, mettant en commun leurs lumières, pour défendre leur foi contre les sévérités aussi bien que contre les caresses d'une mère égarée !

Le cœur fut toujours un maître fort habile. Les leçons du frère se gravèrent aisément dans l'esprit de la sœur. Sous son armure d'emprunt, Jeanne, plus heureuse que David, put se mouvoir à l'aise. Bientôt elle eut assez de force, non seulement pour supporter le choc, mais encore pour prendre l'offensive et engager le combat. On l'entendit représenter à sa mère le danger que courait son âme, disputer avec elle, réfuter les objections de l'hérésie, opposer aux sophismes du temps la vérité catholique. Ce fut une lutte attendrissante de la piété filiale contre l'obstination maternelle, où le cœur de la petite Jeanne, s'épanchant par ses larmes, dut entrer bien des fois en ligne de bataille.

La mère résista. DIEU le permit. Mais dans cette persistante opiniâtreté, Jeanne ne trouva jamais un prétexte de refroidissement ou de moindre tendresse. Mme de Lestonnac, il faut le reconnaître, n'imita pas une générosité si chrétienne, et, dans un cœur d'enfant surtout, si héroïque. Étouffant dans son âme la voix de l'amour maternel, elle conçut pour sa fille une véritable inimitié. Tant le préjugé a de puissance pour fausser et détruire les plus nobles instincts !

Devenue comme orpheline, du vivant de sa

mère, Jeanne multiplia ses prévenances, ses témoignages de respect et d'affection. Ce fut jusqu'au bout sans succès, mais ce fut aussi sans défaillance. Elle avait juré de se maintenir ferme sur le terrain de la foi, et, en même temps, elle avait résolu de garder pour sa mère, qui la persécutait, les plus vives tendresses de son cœur. La généreuse enfant sut rester constamment fidèle à son sublime programme.

III

On se figure quelle croix devait être, pour un cœur si aimant, l'inimitié maternelle. Dieu ne voulut pas que cette âme magnanime portât seule un tel poids : il lui fit trouver dans les délices de son amour des compensations surabondantes aux joies de la vie de famille, qui lui faisaient défaut. La mortification chrétienne, l'amour de la solitude, l'esprit d'oraison se développèrent tout à coup dans cette enfant, si bien préparée par l'épreuve aux visites et au travail de la grâce. Bientôt même, dans ce cœur privé de toute consolation terrestre, l'Esprit-Saint alluma les premiers désirs d'une vie plus parfaite. Jeanne se sentait fortement attirée vers le cloître. Elle saluait avec transport les horizons à peine entrevus de cette terre promise.

Les entreprises et les succès de sainte Thérèse, dont l'Espagne ne pouvait plus contenir la renommée, excitaient encore l'ardeur de ses désirs. Libre de suivre son attrait, Jeanne eût volé sans retard où l'entraînaient les aspirations de son cœur. Mais bien des obstacles entravaient son dessein. Beaucoup de monastères, envahis ou du moins assiégés par l'hérésie, n'étaient plus des retraites absolument sûres.

Jeanne hésita, et, disons-le, finit par reculer devant la crainte d'exposer son âme et d'échouer d'ailleurs devant les résistances certaines de son père. Le sacrifice était pénible ; il fut généreusement accepté. Tant de résignation obtint sans retard un commencement de récompense. Pour consoler la pieuse enfant, Dieu lui fit comprendre que ses espérances étaient seulement ajournées. Etant un jour en prières, elle entendit une voix qui lui disait distinctement : « Prends garde, ma fille, de jamais laisser éteindre ce feu sacré que j'ai allumé dans ton âme et qui te porte maintenant avec tant d'ardeur à mon service. » Jeanne vit dans ces paroles une instruction et une prophétie. Dieu l'avertissait de nourrir ses pieux projets, et, en même temps, il lui faisait entendre que la profession religieuse, providentiellement retardée pour elle, deviendrait un jour son définitif héritage.

IV

Parmi ces persécutions, ces saints enthousiasmes et ces difficultés, l'innocente enfant avait grandi. L'heure était venue, pensait M. de Lestonnac, de fixer l'avenir de sa fille. Dieu conduit souvent les âmes par des voies en apparence opposées aux desseins qu'il a sur elles : il semble les éloigner du but; en réalité, il travaille à le leur faire atteindre. Ce fut le cas de Mlle J. de Lestonnac. Sans répudier la divine promesse, appui de ses plus chères espérances, elle dut provisoirement tourner les regards vers ce monde qu'elle avait en horreur. Circonvenue, contrainte par la volonté paternelle, bien des fois exprimée, obéissante jusque dans une détermination si peu conforme à ses attraits, la future épouse de Jésus-Christ consentit à donner sa main à un époux mortel. Celui que lui choisit son père fut Gaston, marquis de Montferrant, allié, par sa famille, aux plus illustres maisons du royaume, et descendant des premiers barons de Guyenne.

Jeanne avait dix-sept ans. Désormais prisonnière du monde, elle semblait éloignée à jamais de la terre promise qu'elle avait rêvée. Dieu pourtant, à l'heure marquée par sa providence, devait lui en ouvrir les portes et lui accorder la grâce d'y mourir.

V

Hâtons-nous de le dire, la jeune marquise, embellie par toutes les qualités que le monde recherche, ne se prévalut pas de tous ses avantages. Dans sa conduite, parfaitement réglée, elle ne supprima que les détails incompatibles avec son nouvel état, et parut à tous le modèle accompli de l'épouse chrétienne.

Du reste, pour l'aider à maintenir son cœur au-dessus des choses de la terre, le ciel prit soin d'échelonner des croix sur son chemin. C'est ainsi qu'elle perdit son père peu de temps après l'avoir quitté. Ce fut un rude coup pour son cœur ; à ce père, après Dieu, elle devait la conservation de sa foi. La fille se soumit sans murmurer, comme devait un peu plus tard se résigner la mère. Mme de Montferrant, en effet, mère de sept enfants, en perdit trois dès le berceau. C'était apprendre, une fois de plus, que les joies d'ici-bas ne sont jamais sans mélange. La pauvre mère sut mêler l'action de grâces à ses larmes, et, dans ces visites répétées de la mort, ne vit qu'une raison de plus d'élever pour le ciel les quatre enfants qui lui restaient. On l'entendit bien souvent leur répéter la leçon de Blanche de Castille à son fils saint Louis : « J'aimerais mieux vous voir mort que coupable d'un seul péché mortel. »

De si chrétiennes leçons, soutenues par de si saints exemples, devaient porter des fruits. Mme de Montferrant put de bonne heure en recueillir les prémices. Elle trouva dans la piété naissante de sa jeune famille la meilleure récompense de son dévouement. Mais à l'heure même où tant de bonheur semblait affermi pour toujours, la croix se présenta de nouveau : cette fois elle parut accablante. DIEU pénétrait au plus intime du cœur et réclamait la meilleure part de ces choses qui doivent périr. Après vingt-quatre ans d'une union qu'aucun dissentiment n'avait jamais troublée, Mme de Montferrant avait la douleur de survivre au marquis, son époux. L'épreuve fut vivement ressentie. Toutefois l'épouse chrétienne ne fut en rien semblable à celles dont parle saint Paul, qui pleurent sans espérance. Elle ne permit pas à ses larmes de dérober à son regard les perspectives éternelles. Après avoir courbé la tête sous le poids de l'affliction, elle sut la relever chrétiennement pour bénir la divine Bonté de ses miséricordieuses rigueurs. Bientôt même, fortifiée par la prière, elle se sentit surnaturellement heureuse d'une liberté qui allait lui permettre de suivre ses premiers attraits pour la vie religieuse et de rendre à DIEU la pleine possession de son cœur.

VI

Six années s'écoulèrent dans l'exercice de toutes les vertus. Ce fut une période de sérieuses réflexions sous le regard de Dieu. Après ces six années de ferveur, Mme de Montferrant se trouva résolue à quitter le monde. Le ciel l'appelait à être fondatrice ; mais elle ne se reconnut pas d'abord cette destinée, et tourna ses vues vers le monastère des Feuillantines de Toulouse, en grande réputation dès cette époque. L'avenir de sa famille ne semblait plus être un obstacle à ses projets. Deux de ses filles avaient pris le voile au monastère de l'Annonciade, à Bordeaux. La troisième pouvait rester sous la tutelle du jeune marquis de Montferrant, qui venait de compléter son éducation à Rome.

Restait la question des adieux : c'était pratiquement la plus difficile et aussi la plus redoutée. La pauvre mère ne se dissimulait pas l'explosion de douleur qu'allaient provoquer ses communications. Elle résolut d'épargner au moins à sa fille les déchirements de la dernière entrevue. Son fils seulement fut mis dans le secret, la veille du jour fixé pour le départ.

Profondément surpris d'une telle ouverture, le

jeune homme ne peut de longtemps proférer une seule parole et demeure comme anéanti. A ce silence succède bientôt l'éloquent plaidoyer de l'amour filial. La courageuse mère n'est pas déconcertée. Aux larmes de son fils, elle oppose la fermeté de son cœur soutenu par la grâce.

Le lendemain, dès l'aube, Mme de Monferrant, déjà rendue aux bords de la Garonne, s'apprête à monter sur la barque qui doit l'emporter vers Toulouse. Avant le départ toutefois, une épreuve particulièrement pénible lui est réservée. Sa fille, subitement réveillée par les cris des domestiques qui pleurent leur maîtresse, a eu le temps d'accourir de la maison parternelle. La mère fugitive est bien contrainte de subir une attaque à laquelle son cœur avait voulu se dérober. L'assaut s'annonçait irrésistible ; l'amour maternel ne pouvait que se rendre au spectacle d'une telle douleur. Mais la grâce devait être une seconde fois victorieuse de toutes les tendresses de la nature. Maîtresse d'elle-même, la mère console sa fille, invoque Dieu, puis se trouve assez forte pour ordonner le départ. Et la barque s'éloigne rapide sur le fleuve, emportant vers Toulouse cette femme au cœur magnanime.

VII

Le voyage fut long; la prière et de saints entretiens en adoucirent les ennuis. A peine débarquée, la pieuse marquise prend le chemin du monastère. Ici, sur la rive même, nouvelle épreuve qui fait revivre toutes les précédentes. C'est son fils qu'elle aperçoit et qui vient se jeter dans ses bras. Malgré les défenses reçues, le jeune homme était parti de Bordeaux quelques jours après sa mère, et, prenant par terre un chemin plus court, l'avait devancée à Toulouse. Il se présentait donc pour livrer un dernier assaut au cœur maternel. L'attaque fut vive en effet. L'amour filial avait découvert et rangé en ordre de bataille dans le cœur du fils mille arguments nouveaux. L'héroïque mère demeura une fois encore inébranlable. Elle usa même de son autorité pour enjoindre à son fils d'abandonner des tentatives d'opposition devenues désormais inutiles. La sagesse humaine s'étonnera peut-être d'une fermeté qui lui paraîtra cruelle. Et pourtant nous sommes en présence d'un héroïsme familier aux saints. Leur histoire le prouve; dans l'enthousiasme de leur abnégation, ils avaient de ces audaces qui font frémir notre délicatesse et scandalisent la prudence de la chair. La grande chrétienne dont nous résumons la vie fut une de ces âmes vaillantes. Les portes du monastère lui furent enfin ouvertes. C'était le 11 juin 1603; elle avait alors 46 ans. Mme de Montferrant se crut au vestibule du ciel. « Pour toujours! » murmurait au seuil de la maison la servante de Dieu. Mais Dieu allait répondre : « Non, c'est pour un temps bien court. »

VIII

La grande dame du monde, devenue Sœur Jeanne de Saint-Bernard, ne devait, en effet, passer que six mois dans le pieux asile qu'elle s'était choisi. Six mois, c'était bien peu; ce fut assez pour lui permettre de réaliser des prodiges. Sûrement elle n'avait pu découvrir, ni dans le plan de Dieu, ni surtout dans son propre cœur, une telle restriction mise à son holocauste; et pourtant à sa ferveur dès le début, on aurait pu croire qu'elle la pressentait. Imitant le voyageur attardé, qui hâte le pas pour arriver au terme avant la nuit, elle se mit à courir dans les voies de la sainteté, pour essayer d'atteindre, pour suivre au moins à distance, pensait-elle humblement, les saintes épouses de Jésus-Christ dont elle était devenue la compagne. Nous ne décrirons pas ses vertus de novice fervente; nous dirons seulement que, dans cette courte période de sa vie, elle sut enfermer le mérite des plus longues années.

Cependant un genre de vie si austère et peut-être aussi les délices célestes qui en étaient la récompense finirent par ébranler une nature bien des fois déjà secouée par l'épreuve, Un total épuisement se déclara, compliqué d'infirmités multiples. Soins empressés, vœux, pénitences, saints sacrifices, tout fut employé pour raffermir une santé si précieuse; mais tout demeura inutile, et le mal ne fit que progresser. Force fut bien de recourir à la mesure suprême ordonnée par les médecins, un prompt éloignement. C'était condamner la vénérable novice à rentrer dans ce monde qu'elle venait de quitter. Une telle décision bouleversa son âme; la lutte fut longue et pénible. Mais, enfin, la volonté de Dieu se déclarait; la malade accepta cette volonté sainte. « Seigneur, s'il est possible, que ce calice passe loin de moi! » avait-elle dit au plus fort de son angoisse. Elle eut le courage d'ajouter : « Cependant que volonté s'accomplisse et non la mienne! »

IX

Cet acte de renoncement et de généreux abandon ravit le cœur de Dieu; ce fut l'heure de la lumière et de la paix. De vives clartés envahirent soudain l'esprit de la malade; un fleuve de consolations se répandit dans son cœur. Sous l'influence de ces visites de la grâce, elle reconnut que la voie suivie par elle jusqu'alors n'était pas sa voie définitive. En même temps, il lui fut révélé qu'elle serait mère d'une nombreuse postérité de filles spirituelles et fondatrice d'un Ordre nouveau, instrument de salut pour bien des âmes. Des données déjà si précises trouvèrent un heureux complément dans une vision miraculeuse. La servante de Dieu vit l'enfer ouvert; et, sur les pentes de l'abîme, prêtes à tomber, une infinité d'âmes réclamaient son secours. Au même instant, elle sentit son cœur plus que jamais embrasé de zèle pour le salut du prochain, et, aux lueurs des flammes éternelles, elle entrevit comme les premiers linéaments de la Compagnie militante de Notre-Dame, qu'elle était appelée à fonder. D'un autre côté, aux regards de son âme s'offrit le tableau des grandeurs de la Reine du ciel. C'était le type incomparable présenté à l'imitation de la Compagnie nouvelle, celui qu'elle devait glorifier, par l'innocence de la vie, aux yeux des hérétiques ennemis de la virginité, celui qu'elle était chargée de reproduire dans les âmes par l'éducation et d'offrir à la jeune fille comme la meilleure sauvegarde de son avenir.

De telles communications ne laissaient pas même un prétexte à la résistance. La Sœur Jeanne de Saint-Bernard ne se défendit plus et consentit à redevenir Mme la marquise de Montferrant. Un fait bien extraordinaire, sinon miraculeux, vint appuyer encore la vérité de l'intervention divine dans les événements que nous racontons. La malade n'eut pas plutôt quitté l'habit du monastère qu'elle se trouva subitement guérie. On vit dans cette guérison un nouvel indice du bon plaisir de Dieu. Délivrée de son mal, la pieuse marquise fut, par là même, en état de reprendre le chemin de Bordeaux. On touchait à la fin de 1603.

Le bruit de sa sortie des Feuillantines avait devancé son retour. Une âme moins fermée aux préoccupations de la vanité eût cherché à prévenir la malignité des jugements humains. Mme de Montferrant n'essaya pas la moindre apologie de sa conduite. Du reste, en retournant dans le monde, plus que jamais elle prit soin d'en dégager son cœur. Sa vie exemplaire désarma toute critique ; au lieu des discours peu charitables qu'on pouvait redouter, il se fit autour de son nom comme un concert d'unanimes louanges. L'élite de la société bordelaise applaudit au retour de la sainte dame, et ses enfants surtout bénirent Dieu d'un événement qui rendait à leur amour une si bonne mère.

X

Tant de joie devait être de bien courte durée. Mme de Montferrant prit à peine le temps d'établir dans le monde sa plus jeune fille, et, ce devoir accompli, alla se préparer, dans la solitude, aux grands desseins que Dieu avait sur elle. Sa terre de Lamothe fut son lieu de retraite. Là, pendant deux années entières, elle se livra, sous les habits du siècle, à toutes les pratiques de la vie religieuse. Sa ferveur fut récompensée par des vues nouvelles sur l'Ordre qu'elle devait fonder. Mieux encore que par le passé, elle comprit qu'elle devait se dévouer à l'éducation des jeunes personnes menacées par les nouvelles erreurs, et que Dieu lui préparait des compagnes destinées à seconder ses efforts dans un si laborieux ministère.

Toutefois, ces données ne lui paraissaient pas également indiscutables dans tous les détails; et, d'autre part, sa condition de solitaire la privait des ressources qu'aurait pu lui fournir un contrôle étranger. Elle pria longtemps; la prière l'éclaira sur le parti à prendre; le même Esprit qui l'avait conduite au désert la pressa d'en sortir. Elle rentra donc à Bordeaux, persuadée qu'elle y trouverait une direction sûre, la solution à tous ses doutes et une pleine lumière sur son avenir.

Le succès, pourtant, ne répondit pas d'abord à ses espérances. Deux Pères de la Compagnie de Jésus, religieux de grand mérite d'ailleurs, sans désapprouver ses projets, n'osèrent pas l'encourager à les poursuivre. Ils lui firent même entendre qu'il serait plus sage pour elle de s'en tenir aux bonnes œuvres ordinaires, plus en rapport avec son état et son rang. La sainte veuve se soumit sans réserve à une décision si peu conforme à ses désirs; cette contrariété n'altéra pas un seul instant la paix de son cœur. Plus généreuse encore, elle voulut avoir pour guides spirituels ces deux hommes, dont la froideur austère garantissait du moins la sincérité. Sous leur direction et par leur conseil, Mme de Montferrant se livra donc plus que jamais aux bonnes œuvres. Cette aveugle obéissance fut précisément le moyen qu'il plut à Dieu d'employer pour réaliser les vues de son humble servante. Quelques vertueuses filles, gagnées par son exemple, se joignirent à elle, sans autre dessein que d'être les auxiliaires de sa charité. Dans le plan divin, elles étaient, de plus, les premières pierres vivantes rassemblées pour composer la base de l'édifice spirituel qui se préparait. Pour en activer la construction, la providence de Dieu, usant jusqu'au bout de délicatesse, allait provoquer d'efficaces concours, sur le terrain même qui avait vu se produire la plus récente opposition.

XI

A l'époque où les deux jésuites dont nous avons parlé exerçaient à Bordeaux le saint ministère, le collège de la ville possédait deux autres religieux d'une éminente vertu, les Pères de Bordes et Raymond. Tous deux s'affligeaient vivement des ravages de l'hérésie parmi la jeunesse catholique. La foi des jeunes filles surtout leur paraissait trop souvent exposée dans les écoles de l'erreur. Aussi conjuraient-ils avec larmes le Sauveur et sa sainte Mère d'opposer un prompt remède au mal, de susciter, par exemple, une femme forte, capable par ses œuvres de zèle de tenir en échec les maîtresses calvinistes. Dieu, qui s'apprêtait à les exaucer, leur révéla d'avance son dessein.

C'était le 23 septembre 1605, fête de sainte Thècle. Ils célébraient tous deux à la même heure le saint Sacrifice. Tout à coup, éclairés l'un et l'autre à la fois d'une vive lumière, ils comprirent que Dieu demandait la création d'un Ordre de religieuses modelé sur celui de saint Ignace, et que Notre-Dame, Reine des Apôtres, voulait avoir sa Compagnie, comme son Fils Jésus, Roi des Apôtres, avait la sienne. Chacun des deux Pères, pressé de raconter à l'autre une si extraordinaire faveur, s'étonna de ne lui rien apprendre, et tous deux, lisant dans cet accord le signe manifeste des intentions de Dieu, résolurent de se mettre à l'œuvre sans retard.

D'abord il fallait découvrir, car rien ne l'annonçait encore, la future Fondatrice. Après plusieurs essais qui n'aboutirent pas, ils vinrent à se demander si l'élue de Dieu ne serait pas Mme de Montferrant, dont toute la ville racontait les vertus. Le P. François de Lestonnac, frère de la marquise, et, nous l'avons vu, l'auxiliaire de ses luttes d'enfance, habitait alors le collège. Sur la demande des deux Pères, il leur ménagea une entrevue avec sa sœur. Mme de Montferrant ne parut pas surprise de l'ouverture qu'on lui fit : ces vues s'accordaient trop bien avec les siennes. Toutefois elle se montra peu empressée à offrir ses services. On aurait dit qu'elle s'étudiait à refouler dans son cœur la joie qui, malgré tout, en jaillissait à travers son visage. Rien, pour cette fois, ne fut conclu.

XII

Une telle attitude, un tel résultat étonneront sans doute : l'un et l'autre s'expliquent par les vertus de la marquise. Elle voulut prendre le temps de consulter le ciel dans la prière. Peut-être aussi son humilité se troubla de l'honneur et des titres qui lui étaient offerts. Mais, quelle que soit la valeur de ces explications, un second prodige allait enlever toute excuse à ces semblants de résistance.

Le P. de Bordes, de nouveau à l'autel, demandait à connaître l'instrument de l'œuvre que Dieu daignait approuver. Soudain voici qu'une vision se présente. L'apôtre saint Pierre apparaît, et de sa main montre au célébrant la sainte veuve agenouillée à quelques pas de l'autel. C'était lui désigner sa coopératrice. La pieuse dame, de son côté, se vit comme investie d'une lumière céleste et entendit une voix intérieure qui lui ordonnait de consentir au choix dont elle était l'objet. Son humilité parut s'alarmer encore. Mais le P. de Bordes, au lieu de cette gloire et de ces honneurs que redoutait la servante de Dieu, lui prophétisa les croix et les ignominies qui l'attendaient comme fondatrice de l'Ordre nouveau. Cette perspective, si peu séduisante pour un moins mâle courage, l'attira, au lieu de l'effrayer, et triompha de toutes les répugnances de son cœur.

Ce n'est pas sans une raison providentielle, croyons-nous, que le Prince des Apôtres est mêlé à ces prodiges. Il y a, dans ce seul fait, toute une prophétie de la destinée militante des Filles de Notre-Dame.

Saint Pierre apparaissant un jour à Ignace de Loyola, malade et presque moribond, l'avait miraculeusement guéri; sans doute, disent les historiens, parce que le premier Vicaire de Jésus-Christ s'intéressait à la conservation d'un homme qui devait être le fléau de l'hérésie et le défenseur du Siège apostolique. Il nous semble que l'intervention du premier Pontife de Rome dans les glorieuses origines de l'Institut de Notre-Dame révèle les mêmes harmonies et annonce les services que l'Ordre nouveau doit rendre à la foi romaine par l'éducation.

Les Filles de Notre-Dame se plaisent, d'ailleurs, à faire ces pieux rapprochements, et aux litanies de la Profession, le premier nom invoqué après celui de Marie est celui de saint Ignace.

Le P. Jean de Bordes a été constamment vénéré dans l'ordre comme fondateur. Le pape Paul V, qui approuva solennellement l'Œuvre de la vénérable Mère de Lestonnac, connaissait bien les origines et le caractère spécial du nouvel Institut. Peu de temps après voir publié la Bulle d'approbation, Paul V recevait à son audience le P. Claude Aquaviva, général de la Compagnie de Jésus. « Père général, lui dit-il, je viens de vous donner des Sœurs. — Et qui donc, Très Saint Père, répondit Aquaviva ? — De vertueuses filles, qui veulent rendre à l'Eglise parmi les personnes de leur sexe les mêmes services que vous rendez à toute la chrétienté. — Nous ne méritons pas d'être pris pour modèles, reprit le P. Aquaviva ; mais puisqu'on veut bien nous faire cet honneur, nous tâcherons de donner bon exemple.

XIII

Un grand pas était fait dans le grand œuvre entrepris par Mme de Lestonnac. De puissants appuis autorisaient de grandes espérances. Dieu, continuant son œuvre, suscita des vocations. Plusieurs filles pieuses se réunirent au groupe déjà formé ; Mme de Montferrant put ainsi compter autour d'elle dix ferventes compagnes. Pour transformer en grand arbre ce grain de sénevé, la nouvelle fondatrice et le P. de Bordes s'appliquèrent à cultiver les sujets qu'ils avaient sous la main. Les Exercices spirituels de saint Ignace continués pendant huit ou dix jours, obtinrent toute leur efficacité naturelle dans des âmes si bien disposées. On crut que c'était le moment de leur révéler les projets de l'avenir.

Mme de Lestonnac (car c'est le nom qu'elle gardera désormais), ayant réuni ses dix premières compagnes, leur développa tout son dessein en paroles de feu. D'unanimes applaudissements accueillirent son discours. Elle poursuivit en leur expliquant le but apostolique du nouvel Institut. La Compagnie de Notre-Dame prenait Marie pour patronne. Elle devait faire profession spéciale d'étendre le culte, d'honorer les grandeurs, d'imiter les vertus de la Reine du ciel. L'éducation des jeunes filles était le champ ouvert à l'activité de son zèle.

Cet exposé fut entendu avec les plus vives marques de satisfaction. Quand ce fut fini, le cœur de la Mère avait passé tout entier dans celui des Filles, et un saint enthousiasme débordait de leurs âmes. Scène sublime, que rehaussait encore le contraste entre la grandeur du but et la faiblesse naturèlle des moyens destinés à le réaliser !

XIV

Les éléments de l'Œuvre étaient complets. Ils allaient être canoniquement groupés par deux approbations successives. L'une du cardinal de Sourdis, archevêque de Bordeaux, fut signée le 25 mars 1606 ; l'autre, qui confirmait la précédente et érigeait le nouvel institut en Ordre religieux, fut expédiée, sous forme de bulle, par le pape Paul V, le 7 avril 1607. Au député envoyé de Bordeaux à Rome pour la circonstance, le Souverain Pontife avait dit : « Je mourrai content après avoir établi un Ordre de Religieuses dont la fin est le salut des âmes. » Une si haute faveur avait été achetée par Mme de Lestonnac au prix de jeûnes rigoureux et de prières sans nombre. Dieu, de son côté, avait tenu à récompenser par une grâce miraculeuse la générosité de sa servante.

Un jour, pendant que l'affaire se traitait à Rome, Mme de Lestonnac était en oraison, le cœur livré à des alternatives de crainte et d'espérance. Elle est tout à coup environnée d'une éblouissante lumière, et, parmi ces flots de clarté, voit apparaître saint Jean, le disciple bien-aimé. L'Apôtre lui fait entendre sensiblement sa voix et la rassure sur l'issue des négociations poursuivies à Rome. La Bulle désirée, dit-il, vient d'être accordée à l'heure même, par le vicaire de Jésus-Christ. Les renseignements donnés justifièrent en tout point la vérité de la vision.

Après l'apôtre de la foi, c'était donc l'apôtre de l'amour qui tenait à patronner l'Ordre naissant. Le titre de fils de Marie explique au cœur de Jean cette tendresse pour une milice consacrée à la Reine du ciel. Les Filles de Notre-Dame ont compris et accepté le sens d'un si glorieux patronage. Elles ont salué dans le disciple du Cœur de Jésus ce divin Cœur lui-même, donné pour protecteur à l'Ordre tout entier. « L'esprit d'Ignace, c'est l'esprit de Jean, » s'entendait dire un jour sainte Madeleine de Pazzi. L'esprit de Notre-Dame c'est encore l'esprit de Jean, dirons-nous à notre tour ; et nous ajouterons : c'est, par suite, l'esprit du Cœur de Jésus [1].

XV

L'Ordre ainsi fondé, il fallait des ressources pour l'entretenir. Une maison, une chapelle manquaient. La Providence pourvut à tout ; le cardinal de Sourdis et Mme de Lestonnac eurent l'honneur de lui servir d'instruments. Le local fut bientôt prêt et la clôture enfin possible. En s'enfermant pour la première fois dans ces murs, la sainte Fondatrice tressaillit de bonheur.

Cette joie fut pourtant diminuée par un incident imprévu, la défection inexplicable de la moitié de ses compagnes. Sans se laisser abattre,

[1] Le célèbre P. de Gallifet, dans son grand ouvrage sur le Sacré Cœur, qu'il publia peu de temps après la mort de la bienheureuse Marguerite, signale les religieuses de Notre-Dame parmi les plus empressées à établir la Confrérie du Sacré Cœur dans les maisons de leur Ordre. De nos jours on sait avec quel zèle elles s'appliquent à faire fleurir l'Apostolat de la Prière, la Communion réparatrice, l'Heure sainte et toutes les autres pratiques approuvées par l'Eglise pour rendre de dignes hommages à ce Cœur adorable.

Mme de Lestonnac, avec les Filles qui lui étaient restées fidèles, commença vaillamment les exercices de la vie religieuse. Le 1er mai 1608 eut lieu la première vêture, entourée de toutes les magnificences des cérémonies catholiques. Le voile blanc fut donné à cinq novices; la Fondatrice reçut le voile noir. Elle était âgée alors de cinquante-cinq ans. Ce jour fut, de son aveu, un des plus beaux de sa vie.

Une véritable tempête suivit ce glorieux triomphe. Le nouveau monastère devint un objet de censure universelle dans la ville : on attaquait tout, jusqu'aux intentions de la Fondatrice. A de si injustes propos, elle n'opposa que le silence et la prière. L'orage dura peu, et, comme il arrive souvent en pareilles occasions, les mépris se changèrent en estime. Le premier fruit de ce changement fut le retour inespéré des cinq fugitives que la petite communauté avait perdues. Elles aussi reçurent le voile blanc, quelques mois après leurs compagnes, le jour de l'Immaculée Conception. La Mère de Lestonnac, heureuse de voir ainsi accru le nombre de ses Filles, prit occasion de la solennité pour consacrer à la très sainte Vierge la Compagnie naissante.

Cette consécration fut comme le signal d'un redoublement de ferveur. Sous la direction du P. de Bordes et l'intelligente initiative de la Fondatrice, Notre-Dame devint une maison modèle, qui rappelait Nazareth.

XVI

Cependant la Mère de Lestonnac n'oubliait pas le but apostolique de son Œuvre. L'enseignement de la jeunesse devait être la fonction capitale du nouvel Institut. Dès cette époque, les novices furent appelées à faire sur ce terrain l'apprentissage de leur zèle; dès lors aussi, elles donnèrent beaucoup mieux que des espérances. Les classes ouvertes furent en peu de temps remplies. Le succès prit les proportions d'un triomphe, et la ville ne parla plus bientôt que de l'éducation reçue à Notre-Dame.

La Mère de Lestonnac vit dans ces débuts glorieux l'effet de la protection de Marie ; elle voulut lui en marquer toute sa reconnaissance. La fête de la Présentation de la très sainte Vierge approchait : la vénérable supérieure ordonna qu'elle fût célébrée avec une magnificence extraordinaire. Le grand jour venu, on vit les élèves s'avancer en procession vers l'église du couvent ouverte au public. Les cierges allumés qu'elles tenaient dans leurs mains, les pieux cantiques qui portaient au loin les louanges et le nom de Marie, l'image de la Vierge exposée sur un trône aux regards de tous, la bonne tenue et la piété de cette nombreuse jeunesse, les cérémonies saintes déployées dans toutes leurs splendeurs, tout cela formait un ensemble incomparable et répandait sur cette fête de la terre comme un reflet des fêtes du ciel. La foule se pressait nombreuse dans l'église ; ce spectacle l'émut jusqu'aux larmes. Quand elle s'écoula, ce fut pour aller redire à la cité entière ce qui s'était passé ; et la bonne renommée de Notre-Dame devint plus que jamais sans rivale.

XVII

L'avenir paraissait assuré. C'était l'heure pourtant du plus grand danger qui eût encore menacé les Filles de Notre-Dame. Le cardinal de Sourdis caressait depuis longtemps le projet d'unir le nouvel Institut à celui de Sainte-Ursule, établi à Bordeaux. Ces prétentions, que nous ne jugeons pas, avaient maintes fois échoué contre les respectueuses mais fermes résistances de la Mère de Lestonnac. Cependant deux années écoulées depuis la première vêture fixaient tout naturellement l'époque de la première profession. Au lieu de recevoir les vœux des novices, le Cardinal revint à son idée et voulut l'imposer. La Fondatrice, avec une sainte liberté, refusa de se rendre à des vues qui anéantissaient son Œuvre. Le prélat se montra offensé d'une telle indépendance et déclara que sa résolution était prise, qu'il ne céderait pas. Contre ce nouvel orage, la Mère de Lestonnac n'eut pas d'autre abri que sa confiance en Dieu; cette confiance ne devait pas être confondue.

Plusieurs mois s'écoulèrent. Le cardinal de Sourdis devait faire un voyage à Rome, on ne sait pour quel sujet. Avant son départ, il renouvela ses sommations et se heurta aux mêmes refus, accompagnés des mêmes marques de respect. Il partit, et déjà on le croyait bien loin, lorsque, après quelques jours, on le vit rentrer à Bordeaux, et, dès le lendemain, se rendre en toute hâte à Notre-Dame. « Ma Mère, dit-il avec douceur à Mme de Lestonnac, je viens recevoir vos vœux et ceux de vos chères Sœurs. Dieu veut que je vous accorde cette grâce, et il ne m'est plus permis de vous la refuser. Préparez-vous à faire demain votre sacrifice. »

La joie fut vive, comme on le pense bien, et l'action de grâce jaillit spontanément des cœurs. Que s'était-il passé? Les historiens parlent d'une intervention miraculeuse de la Reine du ciel, pour sauver sa chère Compagnie. Le cardinal, subitement éclairé en voyage sur l'irrégularité de l'union qu'il projetait, se serait écrié, comme Saul sur le chemin de Damas : « Seigneur, que voulez-vous que je fasse ? » Au même instant, la sainte Vierge, se montrant à lui environnée de gloire, lui aurait instamment recommandé ses Filles bien-aimées. Nous ne prétendons pas discuter ces détails. Mais, à nos yeux, la meilleure preuve du miracle serait le changement survenu dans les dispositions du prélat et la victoire très réelle de Marie sur son cœur.

XIX

Selon sa promesse, le Cardinal revint au couvent pour recevoir la profession des Sœurs. C'était précisément le jour de l'Immaculée Conception ; dans cette circonstance, la Mère de Lestonnac et ses Filles virent un gage de plus des tendresses de Marie.

Ainsi sur sa famille bien-aimée, la Vierge immaculée multipliait ses faveurs, comme pour conquérir le titre et les droits de Patronne. Sous ses auspices avaient eu lieu les deux premières vêtures ; elle venait de présider encore la première profession, et, entre ces deux termes, elle avait pris ouvertement la défense de ses Filles menacées. On voit que, pour les protéger, elle usait déjà bien largement de son crédit auprès de Dieu.

Ce n'étaient là pourtant que des prémices. Déjà et son cœur et sa main s'apprêtaient à répandre de plus riches trésors. Désormais la Reine du ciel veillera avec un soin jaloux sur la pieuse milice qui vient d'inscrire le nom de Notre-Dame sur son étendard. A mesure que la petite armée multipliera ses bataillons, on verra Marie épandre les plis de son manteau; et chaque vocation nouvelle permettra de refaire la touchante histoire de ses sollicitudes et de ses dévouements.

De leur côté, les Filles de Mme de Lestonnac n'oublieront jamais les faveurs de la Vierge immaculée. Sans cesse elles tourneront leurs regards vers cette Etoile brillante qui éclaire aujourd'hui leur berceau. On les entendra bénir Dieu d'avoir déployé dans leur ciel la nuée miraculeuse qui doit guider leurs pas jusqu'à la terre promise de l'Eternité. Marie immaculée aura ses jours de fête, ou plutôt, les Filles de Notre-Dame, lui consacrant leur vie, ne feront guère que redire ses bienfaits ou chanter ses louanges. Le rosaire, l'office de la Vierge, récités tous les jours, ne seront que la formule authentique de leur reconnaissance et le signe permanent de leur amour.

XIX

Consolidé au dedans, le nouvel Ordre allait manifester au dehors cette force intime d'expansion, caractère distinctif des œuvres catholiques. Dans les limites d'une simple notice, nous ne tenterons pas d'enfermer la longue histoire de ces accroissements. Qu'il nous suffise de nommer les plus grands théâtres de cette multiplication merveilleuse : Béziers, Poitiers, Le Puy, Toulouse, Périgueux, Agen, Riom, Saintes, Pau. De son vivant, la Mère de Lestonnac eut la consolation de voir debout plus de trente maisons de son Ordre. Elle resta constamment comme la force motrice et le ressort caché de ce corps immense. Dans ces vastes entreprises, c'est l'amour de Dieu et le zèle des âmes qui la soutenaient. « A la plus grande gloire de Dieu ! » telle était sa devise. « Divin Jésus, s'écriait-elle un jour, que ne m'est-il permis d'aller par tout l'univers pour persuader votre amour à tous les hommes ! » Comme on lui demandait la cause des soupirs qui s'échappaient de sa poitrine : « Hélas ! répondait-elle, si vous saviez, mes chères Filles, combien une seule âme coûte à Dieu, vous seriez ravies de donner vos industries, vos talents, votre vie même pour ce divin emploi. » Certes, ce cœur apostolique dut être consolé, si, derrière une moisson déjà si belle, il lui fût donné d'entrevoir, épanouies au champ de Notre-Dame, les magnifiques moissons de l'avenir.

XX

La vénérable Fondatrice eut du moins l'honneur de préparer à son Ordre ces glorieuses destinées. Il en est des sociétés comme des hommes ; elles gardent toujours quelque chose de la constitution que leur fit la naissance ou le berceau. Comprenant cette loi providentielle, Mme de Lestonnac ne négligea rien pour assurer, à la famille religieuse dont elle était la mère, un tempérament capable de traverser les siècles.

D'abord, elle l'appuya sur la Chaire de Pierre. C'était mettre à profit pour le nouvel Ordre les promesses de Jésus-Christ à son Église, et donner un tuteur immortel à la tige délicate qui venait de fleurir. Le Siège apostolique devait se montrer touché de cette filiale confiance ; et Rome, par une approbation dix fois renouvelée, allait récompenser un acte de foi qui avait bien son mérite, parce qu'il ne s'accomplissait pas alors sans courage.

Le point d'appui était trouvé ; il fallait de plus

fixer le but et orienter la marche. La plus grande gloire de Dieu devint le phare lumineux vers lequel devaient se tourner les regards et se mouvoir les cœurs. Marie demeurait l'astre bienfaisant chargé d'éclairer le chemin ; l'Étoile de la mer ne pouvait perdre son titre gracieux auprès d'un équipage miraculeusement sauvé par son intervention.

La manœuvre adoptée était des plus simples : il s'agissait d'enrayer les progrès de l'hérésie en lui opposant l'activité du zèle le plus apostolique, et, spécialement, de lui soustraire la jeunesse par une excellente éducation chrétienne. Pour exercer dans ce sens une plus décisive influence, il fut décidé qu'on offrirait aux enfants de la classe aisée l'enseignement complet que réclamait leur rang. Mais, sur ce point, nulle recherche égoïste, grande largeur de vues. Il était même prescrit d'accueillir avec une plus douce charité les enfants pauvres, ces bien-aimés du divin Maître et ces privilégiés de son Cœur.

C'est dire que le dévouement à Notre-Dame devait être imprégné d'un tendre et généreux amour pour Jésus-Christ. A cet amour lui-même, la sainte Fondatrice entendait donner pour escorte l'humilité, l'abnégation, le renoncement absolu à l'esprit du monde, toutes les vertus religieuses. Elle voulait de plus que cet ensemble d'une vie céleste trouvât dans les sages lois de la clôture une suprême garantie. Enfin, une parfaite obéissance devait grouper les énergies éparses, et la plus délicate charité mettre en harmonie tous les cœurs. Réfutation pratique des tendances égoïstes développées par les erreurs nouvelles; protestation éclatante contre cet esprit de révolte que l'hérésie soufflait alors de toutes parts.

XXI

Les Religieuses de Notre-Dame ont gardé cet esprit. A l'heure présente, on les voit, en particulier, saintement passionnées pour cette fonction capitale de leur Institut, l'éducation chrétienne. Leur zèle, sur ce terrain, a fait depuis longtemps ses preuves; mais il semble que les derniers assauts livrés à l'enfance aient encore échauffé cette généreuse ardeur. Nous sommes en droit d'ajouter que le plus absolu désintéressement recommande ces habiles maîtresses; témoin, l'enseignement gratuit offert, dans tous leurs pensionnats, aux familles indigentes.

Même après leur sortie du couvent, les élèves de Notre-Dame ne sont pas abandonnées sans secours dans le monde. Les grilles du cloître ne leur dérobent pas les mains amies qui se tendent vers elles. De temps en temps, une voix venue de la solitude, les invite à revenir vers l'asile béni qui abrita leur enfance. Cet appel est toujours entendu. Quand les portes s'ouvrent, les cœurs, déjà ouverts, se dilatent dans la charité. Plus d'une vieille Mère, alors, pour se donner le droit de placer un conseil, reprend par occasion son titre de maîtresse et s'oublie jusqu'à redire ses meilleures leçons. L'oreille ouverte à ces échos du passé, les visiteuses sont ravies de retrouver un instant la paix des anciens jours. Quelques heures s'écoulent; il faut repartir. Si ce n'est pas sans regret, ce n'est pas non plus sans espérance, et l'on n'oublie guère de dire, en s'éloignant : Nous reviendrons.

XXII

Les magnifiques succès obtenus par la pieuse Fondatrice demandaient un contrepoids; c'est la règle invariable que Dieu observe à l'égard de ses prédestinés. Mme de Lestonnac devait avoir ce trait de ressemblance avec les saints. Le contrepoids nécessaire fut fourni par l'épreuve. Dieu permit que, durant trois ans, sa servante fût soumise à un véritable martyre par des personnes que la passion égarait ou que de perfides rapports avaient aigries. Elle ressentit vivement cette espèce de persécution, la plus pénible de toutes, parce qu'elle atteint le cœur. L'épreuve toutefois finit par tourner à sa gloire, aussi bien qu'à la honte de ses persécuteurs.

A cette croix intime s'en ajoutèrent bien d'autres. Déjà, par la mort de trois de ses enfants et de son époux, la marquise de Montferrant avait senti se faire un grand vide dans son âme. La Mère de Lestonnac devait voir la solitude se compléter et la nuit s'étendre autour de son cœur. Dans la force de l'âge, en effet, son fils unique, le marquis de Montferrant fut ravi à sa tendresse.

Un autre coup lui fut, en un sens, plus sensible. Elle apprit un jour, avec une douleur facile à comprendre, que le baron d'Arpaillant, son gendre, venait d'être tué dans une querelle avec un gentilhomme. En apprenant la mort de son fils, elle avait dit : « Dieu me l'avait donné, Dieu me l'a ôté : que son saint nom me soit béni ! » Cette fois la résignation lui fut moins facile ; et l'épreuve s'augmentait de tout le malheur de sa fille.

Pourtant le plus amer de tous les calices restait encore à épuiser. Mme de Lestonnac eut la douleur de voir mourir sa mère dans le calvinisme. Exhortations, larmes, prières, jeûnes, pénitences, tout avait échoué devant l'opiniâtreté de cette âme. La servante de Dieu fut consternée, anéantie. Et toutefois elle se résigna sans murmurer et adora la profondeur des jugements de Dieu, se rappelant sans doute qu'on ne peut assigner ici-bas de limite à la miséricorde, et que nul ne saurait dire ce qui peut se passer à l'extrême frontière de la vie, entre la créature séduite par le mensonge et un Dieu mort sur la croix pour la sauver.

De ces morts si affligeantes pour le cœur de Mme de Lestonnac, qu'il nous soit permis de rapprocher la mort de son pieux coopérateur, le P. de Bordes. Dès le second jour d'avril 1620, il avait quitté la terre, et la sainte Fondatrice ne devait aller le rejoindre dans le sein de Dieu que vingt années plus tard. Très pénible à son cœur, cette séparation ne pouvait du moins attrister son espérance. Le « François-Régis du Béarn, » comme on appelait le serviteur de Dieu, venait de couronner la plus sainte vie par une mort de prédestiné. Dans les contrées arrosées de ses sueurs, il avait vu enfin refleurir le culte solennel de la Reine des cieux et de l'Eucharistie. Parvenu à l'âge de soixante ans et averti par révélation du jour de sa délivrance, il s'était empressé de mettre la dernière main aux Règles de Notre-Dame ; puis il avait attendu dans la paix l'heure du Seigneur. Sur son lit d'agonie, il s'était vu entouré de respect, et les chanoines de Sainte-Marie d'Oloron, désireux d'offrir à l'apôtre des Béarnais un dernier tribut de reconnaissance, lui avaient porté solennellement le chef d'un saint évêque, l'une des reliques les plus vénérées de leur trésor. Première récompense sans doute d'une si sainte vie et prélude des honneurs qui allaient accueillir cette âme à son entrée dans le ciel.

XXIII

Réduite par ces coups répétés de la mort à une sorte de tête-à-tête avec son Dieu, la Mère de Lestonnac ne s'y déroba point. Plus la terre fuyait, plus elle s'en éloignait elle-même pour se perdre dans le souverain bien.

Toutefois, elle ne prétendit pas emporter par surprise le Cœur de Dieu; elle aima mieux le conquérir. Et, vraiment, l'on peut dire, qu'avant de le prendre d'assaut, elle en fit patiemment le siège par le long exercice de toutes les vertus.

Plus elle aspirait à monter haut sur l'échelle du divin amour, plus elle se persuadait qu'il lui fallait d'abord descendre par l'humilité dans les abîmes du néant. C'était juger comme les saints. A leur exemple encore, elle fit de ces vues la règle de sa vie.

Le succès répondit à l'effort. L'humilité s'acclimata si bien dans cette âme que, ni les opprobres, ni les honneurs, ennemis plus terribles, ne parvinrent jamais à l'entamer. Et ce n'étaient pas là de vaines apparences. Comme elle se croyait sincèrement digne de tous les mépris, elle s'étonnait de ne pas les rencontrer plus souvent sur ses pas. Ceux qui se présentaient étaient du moins recueillis comme une bonne fortune, avec l'empressement joyeux que d'autres auraient mis à ramasser un trésor.

Ce vif sentiment d'indignité personnelle inspirait à la Mère de Lestonnac une profonde horreur pour la moindre louange. Au témoignage de ses historiens, si elle montra quelque rigueur à l'égard de ses Filles, leurs éloges furent toujours l'occasion de ces sévérités. Elle semblait alors oublier sa douceur naturelle et distribuait des pénitences sans ménagement. Grâce à ces corrections répétées, ses Filles apprirent enfin à garder dans le cœur les sentiments d'estime que leur inspirait la vertu de leur Mère.

Saintement passionnée pour l'humilité, Mme de Lestonnac, sans respect humain comme sans vaine gloire, revendiquait le droit d'en pratiquer les actes au grand jour. Dans sa vieillesse, les infirmités l'obligeaient de garder sa cellule. Toutefois, le vendredi, elle trouvait encore assez de force pour se traîner au réfectoire et prendre part aux exercices publics de pénitence en usage dans les maisons religieuses. Ce n'était pas sans attendrissement que la communauté contemplait la vénérable octogénaire prosternée devant ses Filles et leur baisant les pieds avec amour. Comme on lui reprochait cette imprudente ferveur, elle répondit simplement : « Je suis, dit-on, trop avancée en âge. Voilà pourquoi je dois me hâter de faire quelque chose pour Dieu, et de réparer par quelques humiliations les mauvais exemples que j'ai donnés à mes Sœurs... Je ne crois pas que l'âge, qui ne m'empêche pas de porter l'habit de religieuse, doive m'empêcher de remplir les devoirs de mon état. Puisque j'ai l'honneur d'être la première dans l'Ordre, je dois l'être dans tous les exercices de la religion. Le Fils de Dieu a fini sa vie comme il l'avait commencée, en s'humiliant jusqu'à la croix ; et moi qui l'ai mal commencée, je dois tâcher de la bien finir. »

XXIV

Des dispositions si généreuses expliquent la guerre sans merci que la servante de Dieu avait déclarée à son corps. Ce n'était pas assez, pour elle, des infirmités de la vieillesse, des cruelles douleurs qui en étaient la suite, de l'espèce d'agonie à laquelle la réduisaient des crises répetées. A ce cortège de souffrances elle joignit les jeûnes, les disciplines sanglantes, les chaînes, les corsages de fer hérissés de pointes et d'autres instruments de torture volontaire qu'on découvrit après sa mort.

Il est vrai que la sagesse de ses directeurs intervint quelquefois pour modérer un peu ces austérités effrayantes. Mais alors cette amante de la Croix recourait à tout un système de compensations, et son esprit de sacrifice lui découvrait mille moyens nouveaux de crucifier sa chair.

Elle savait d'ailleurs que si la pénitence extérieure a forcément des bornes, celle du cœur n'en connaît pas. Elle appliqua ce principe dans toute sa rigueur et l'adopta pour règle de toutes ses affections. C'était ouvrir un champ immense à sa passion de souffrir; elle le parcourut tout entier. Dès le berceau de sa vie religieuse, son holocauste avait été sans réserve ; on peut affirmer qu'elle ne se reprit jamais et mourut sur la croix.

Tant de constance à se vaincre lui valut un empire absolu sur les moindres mouvements de son âme. Elle en vint à ne plus connaître d'autres impulsions que celles de la divine grâce. Insensible à tout ce qui n'était pas Dieu, elle pouvait, à la lettre, s'appliquer le mot de saint Paul : « Je vis; non, ce n'est pas moi qui vis; c'est Jésus-Christ qui vit en moi. »

XXV

La méditation ouvrait à cette âme fervente les sources sacrées qui retrempaient sa force et multipliaient ses victoires. Détachée de tout ici-bas, la sainte âme dont nous racontons les vertus prenait naturellement son essor vers les régions éternelles et se perdait avec ivresse dans le sein de son Dieu.

Mme de Lestonnac se portait à l'oraison avec des désirs enflammés. Elle se serait crue très coupable de perdre un seul des moments destinés par la règle à ce saint exercice; et, lorsque des affaires imprévues s'imposaient, la nuit, au besoin, lui rendait les loisirs que les occupations du jour lui avaient dérobées.

Ce n'était pas là un attrait de circonstance : la foi, et non le caprice, inspirait sa conduite, soutenait sa fidélité. Toutes les âmes religieuses connaissent ces ténèbres, qui passent tout à coup sur le ciel de la vie spirituelle et semblent intercepter jusqu'aux simples lumières de la foi. Ce calice ne fut point épargné à Mme de Lestonnac ; elle goûta l'amertume de ces délaissements. Mais où tant d'autres succombent, elle sut montrer une fois de plus son invincible constance. Volontiers, en ces heures de tristesse, elle sacrifiait ses goûts sensibles aux volontés de son Créateur, et trouvait une sorte de consolation dans l'impuissance même d'en ressentir aucune.

Dieu, qui ne permet jamais à sa créature de le vaincre en générosité, récompensait tant d'efforts par le fréquentes visites de sa grâce. Le ciel troublé reprenait soudain sa sérénité première, le divin soleil illuminait de nouveau cette âme, la paix s'y répandait à flots. On voyait alors, durant des heures entières, l'heureuse privilégiée de Dieu, à genoux, immobile, les bras étendus, le visage radieux, abîmée dans une contemplation ineffable. Vainement on affectait de passer et de repasser autour d'elle ; aucun bruit de la terre ne parvenait à suspendre, à troubler son extase.

Pour se dérober à l'estime que lui attiraient ces divines communications, à l'approche de l'Esprit de Dieu qui lui faisait pressentir sa venue, elle se retirait dans sa cellule ou dans un oratoire écarté. Là elle donnait un libre cours à la ferveur de sa prière. Mais de ce Thabor il fallait enfin redescendre; pour elle, les pentes n'en étaient pas faciles. Son visage, en effet, moins lumineux sans doute que celui de Moïse sur les flancs du Sinaï, gardait pourtant d'assez vifs reflets de la face de Dieu, pour éclairer les saints déguisements de son humilité. Plus d'une fois, son cœur lui-même, impuissant à contenir l'abondance de ses consolations, s'épanchait en des accents qui rappelaient le langage inspiré des prophètes.

La solitude du cloître n'était pas toujours la condition nécessaire de ces faveurs célestes. Comme en tous lieux la Mère de Lestonnac cherchait son Créateur, en tous lieux aussi la suivaient les divines caresses. Dans ses voyages, afin de pouvoir se livrer sans contrôle à son exercice préféré, elle attendait souvent que ses compagnes fussent endormies. Mais un jour, soupçonnant son pieux artifice, les Sœurs s'avisèrent, pour le déjouer, d'un innocent stratagème. Désireuses d'épier ce qui se passait, elles concertèrent un sommeil simulé. Le complot réussit, et, parce que les succès encouragent, on le renouvela. La vénérable Supérieure eut désormais, bien souvent, quelqu'une de ses Filles pour témoin ignoré de ses extases. Elles-mêmes, à ce spectacle, entraient dans une espèce de ravissement et sentaient grandir au fond du cœur le culte de vénération qu'elles professaient pour leur Mère.

XXVI

Dans ces intimes rapports avec son Dieu, Mme de Lestonnac devait tous les jours s'embraser davantage du feu de la divine charité. Ne pouvant, en effet, en contenir les ardeurs, elle les laissait déborder en aspirations continuelles, en paroles brûlantes, qui communiquaient sa ferveur à ceux qui l'approchaient. Ses Filles auraient toujours voulu l'entendre parler sur ce sujet, et, longtemps après sa mort, elles se répétaient encore ses discours.

Ces nobles sentiments animaient sa vie entière et jusqu'aux moindres actes de la servante de Dieu. Nous avons raconté sa passion pour les souffrances : l'amour en était le principe. La sainte épouse de Jésus-Christ ne se lassait pas de parcourir la voie douloureuse sur les pas du Sauveur ; elle le voyait dans la grotte de l'agonie, à Jérusalem, au Calvaire, et rien ne pouvait détourner son esprit de cette chère vision. Au pied de la croix, refaisant sur le corps, sur les plaies de son Bien-Aimé la longue histoire de ses douleurs : « Tout cela pour moi, s'écriait-elle avec les saints ; tout cela pour moi ! » Et dans son âme s'activait l'incendie d'amour ; et, non contente de presser sur son cœur les croix qu'elle trouvait sur son chemin, pour devenir plus semblable à Jésus, elle aspirait à partager tous ses tourments et à mourir sur sa croix.

L'histoire a recueilli quelques-uns de ses élans d'amour vers Jésus crucifié. Un jour, on entendit des cris sortir de sa cellule. « Que je meure ! que je meure ! disait cette amante de la croix. Que n'ai-je mille corps et mille vies pour les sacrifier à mon Dieu ! Que ne puis-je parcourir l'univers et persuader à tous les hommes qu'il faut mourir dans l'amour et pour l'amour de Jésus! » Et comme elle redoublait ses cris en répétant ces paroles, on s'empressa d'accourir. Une profonde extase avait succédé à ce transport d'amour.

Toutes ses lettres, tous ses entretiens étaient comme imprégnés de ce sentiment : aimer, et pour montrer que l'on aime, souffrir. « Réjouissons-nous de nos souffrances, redisait-elle sans cesse; portons notre croix avec Jésus; attachons-nous à la sienne et y mourons avec lui. Anathème à qui n'aime pas Jésus souffrant, à qui ne lui prouve pas son amour par des souffrances! »

XXVII

Ce feu divin trouvait dans l'Eucharistie un continuel aliment. Saintement éprise de son Dieu, cette âme passait et repassait sur le chemin du Tabernacle. Vers l'autel, le ciboire et l'hostie se dirigeaient sans effort tous les souffles haletants de ce grand cœur.

Ces détails nous font déjà comprendre combien Mme de Lestonnac devait souffrir de tant d'outrages que les hérétiques de son temps vomissaient contre la présence réelle. La douleur qu'elle ressentait de ses propres négligences envers le Dieu de l'Eucharistie peut encore nous fournir la mesure de l'affliction de son cœur condamné à subir le spectacle de toutes les ingratitudes humaines.

On la trouva, un jour, prosternée au pied de l'autel, toute baignée de larmes et poussant de profonds soupirs. Une Religieuse, qui la vit en cet état, lui ayant demandé la cause d'une si vive affliction : « Hélas ! ma chère Sœur, répondit-elle, je me souviens d'avoir eu, dans mon bas âge, quelque doute sur la présence de mon Sauveur en ce divin mystère, et d'avoir ainsi participé à la malice des calvinistes. Ne jugez-vous pas bien légitime ma douleur ? » Et pourtant cette faute, si elle existait, ne pouvait être grave ; elle trouvait son excuse dans les influences hérétiques que la petite Jeanne était contrainte de subir. Mais, dans les âmes saintes, l'amour est délicat ; et des bords de la tombe, du seuil de l'éternité, reportant ses regards vers le berceau, la vénérable octogénaire pleurait encore amèrement ce prétendu crime de son enfance.

XXVIII

La divine charité est, à la fois, et la perfection suprême et la reine des vertus. Certes, dans la sainte vie que nous racontons, il nous serait aisé de les montrer toutes, groupées autour de leur aimable souveraine. Même après les édifiants souvenirs que nous avons évoqués, que de touchants détails nous resteraient à produire sur le zèle apostolique de cette grande chrétienne, sur sa douce compassion pour les membres souffrants de Jésus-Christ, sur sa vive tendresse pour les Sœurs dont elle était la Mère ! C'est que la créature raisonnable lui apparaissait comme un vivant reflet du Créateur ; c'est que, dans son prochain, sa foi lui découvrait l'empreinte et l'image de Dieu, les vestiges du sang de Jésus-Christ mort pour le salut des hommes. Ainsi, en aimant ses semblables, c'est Dieu toujours, et Dieu seul, qu'elle aimait.

Mais nous ne pouvons ouvrir ce nouveau et trop vaste champ à notre étude. Aussi bien ne convient-il pas de donner à une humble notice le ton et les allures du panégyrique.

Disons seulement que plus la servante de Dieu se passionnait d'amour pour Jésus-Christ et avançait à grands pas dans les voies de la sainteté, plus aussi sur elle Dieu versait les richesses de sa grâce, et Jésus-Christ les trésors réservés de son Cœur.

Une heure arrive, dans la vie des saints, où Dieu prend en leurs âmes de si vives complaisances, qu'il ne peut presque plus retenir le flot de ses largesses. Il leur compte les arrhes, il leur sert les prémices de l'éternelle vie; il les plonge d'avance au torrent des voluptés pures, qui doivent enivrer ses élus au séjour de la gloire. La Mère de Lestonnac gravit sans défaillance la montagne du divin amour, et atteignit enfin ces sommets lumineux où la terre semble confiner au ciel.

Qu'on nous permette de citer un dernier exemple des divines caresses dont elle était l'objet. Cette fois, Dieu lui-même sembla vouloir trahir l'humilité de sa servante, et symboliser, par un gracieux emblème, la parure d'innocence que tant de vertus avaient faite à cette âme fidèle.

XXIX

La sainte Supérieure n'aimait pas à être dérangée dans ses heures de prière. Sur ce point, elle avait formulé les plus expresses défenses, sans supprimer pourtant les exceptions de droit. Or, elle était un jour en oraison, lorsque la Sœur portière fut chargée pour elle de quelque commission. Inclinant à croire que l'affaire peut être rangée parmi les cas urgents, la Sœur se dirige vers la cellule de la Mère. Mais, au moment d'entrer, elle hésite : la commission est-elle si pressante? Pendant qu'elle cherche à résoudre ses doutes, son regard rencontre une petite ouverture pratiquée dans la porte. Le regard de la Sœur plonge donc dans la chambrette. Mais, au lieu de l'explorer, il se fixe aussitôt, immobile. Que se passe-t-il ? Une vision charmante venait de captiver la Sœur.

A genoux, à son oratoire, la Supérieure priait. En face, une blanche colombe apparaissait, juchée sur une statue de la Vierge. De là, elle prodiguait ses caresses à la Mère ravie, épandant les ailes sur les plis de son voile, prenant sur sa tête d'innocents ébats.

La Sœur portière ne pouvait en croire ses yeux. Redoutant une illusion, elle se précautionne contre toute surprise ; revient une deuxième, une troisième fois à son observatoire ; examine minutieusement jusqu'aux moindres détails. Vains efforts : elle n'arrive pas à concevoir un doute sur la réalité de la gracieuse apparition. Et jalouse de signaler sa présence, l'intéressante colombe multiplie, avec ses caresses, les joyeux battements de son aile.

Pour ne pas déranger la céleste messagère, force fut à la Sœur d'attendre la fin de l'oraison. Alors, une sainte frayeur la saisit. Ses craintes redoublèrent, lorsqu'elle vit la Supérieure s'avancer, le visage radieux. Mais elle pensa défaillir en se voyant tout à coup elle-même investie d'une vive lumière. Autour de sa tête, en effet, une auréole venait de resplendir; et, aux yeux de la Mère, sa face avait paru rayonnante.

Toutes deux se regardent quelque temps en silence, ne sachant que penser d'une telle merveille. Enfin, la Mère de Lestonnac demande à la portière quel est le sujet de sa visite et d'où vient ce changement qu'elle aperçoit sur son visage. « Mais vous, ma Mère, répond la Sœur, dites-moi plutôt ce que signifient et cette colombe qui battait des ailes sur votre tête et cet éclat lumineux qui brille encore sur votre visage? » La Supérieure confuse cherche à éluder la question et à cacher le prodige. « Vous vous êtes abusée, ma Sœur, dit-elle ; vous avez cru voir ce qui peut-être n'était pas. Mais, quoi qu'il en soit, je vous défends, par toute l'autorité que j'ai sur vous, de jamais parler, du moins pendant ma vie, de ce qui s'est passé. »

De telles protestations équivalaient à un aveu. Toutefois, la vertueuse fille respecta la défense de sa supérieure. Elle se contenta d'écrire le détail de ce qu'elle avait vu, pour en conserver la mémoire. Trente ans après, sur son lit de mort, elle confirma de vive voix, en présence de toutes les Sœurs, la vérité du prodige. C'était une fervente Religieuse, ajoutent les historiens de l'Ordre, et qui avait reçu, en sa vie, beaucoup d'autres grâces signalées. Sa propre modestie, non moins que les recommandations de la Supérieure, lui avait jusqu'alors imposé le silence sur une faveur qui lui était commune avec la sainte Mère.

XXX

Une telle vie, de tels prodiges, c'était l'annonce et l'apprentissage du ciel. La céleste patrie, en effet, allait bientôt s'ouvrir à cette âme désormais exilée sur la terre.

La fête de la Purification approchait. La Mère de Lestonnac, qui avait demandé bien des fois la grâce de mourir ce jour-là, eut un pressentiment que Dieu allait exaucer sa prière. Le renouvellement des vœux, selon l'usage établi, était fixé au matin de la fête ; pour s'y préparer, la Communauté commença une retraite de trois jours. La vénérable Mère se recueillit avec plus de ferveur que jamais. Le soir du premier jour, 30 janvier, elle dit à la Sœur infirmière qui la soignait : « Béni soit Dieu, qui m'a donné la force de faire aujourd'hui tous mes exercices de piété. » Pendant la nuit, cette même Sœur, sans tenir compte de la défense qu'elle en avait reçue, la visita selon son habitude. Qu'elle n'est pas sa surprise, de la trouver sans parole et sans mouvement! La Supérieure, les Sœurs les plus voisines de la cellule accourent. Le médecin appelé reconnaît une attaque d'apoplexie et applique les plus énergiques remèdes. Ce fut sans résultat : le mal ne put être arrêté, et l'on perdit tout espoir de conserver la malade. L'Extrême Onction lui fut aussitôt conférée.

Le jour de la Purification venu, on craignit que la servante de Dieu ne quittât la terre pendant la messe de rénovation qui allait commencer. Cependant toutes les Sœurs désiraient assister au départ de leur Mère pour le ciel. Pour tout concilier, le P. Martel alla prier la malade, dont il était le directeur, d'obtenir de Dieu le délai nécessaire. On ne sait si la mourante entendit la recommandation ; mais Dieu devait en tenir compte.

On eut pour la cérémonie tout le temps convenable ; la sainte Mère en attendit paisiblement la fin. Mais alors il fallut se hâter. Dans l'étroite cellule se pressa bientôt la Communauté entière. Chaque Sœur en entrant était accueillie par un regard plein d'amour.

Quand elles furent toutes groupées autour du lit de la mourante : « Voici, lui dit son directeur, voici vos chères Filles qui viennent assister à votre dernier passage pour vous marquer leur attachement et leur reconnaissauce. Elles vous prient d'ajouter à tant d'autres grâces reçues de vous celle de votre dernière bénédiction. » Elle répondit par un signe des yeux qu'elle arrêta avec tendresse sur ses Filles; puis elle rendit doucement son âme à son Créateur.

C'était le jeudi, 2 février 1640. La Mère de Lestonnac était âgée de quatre-vingt-quatre ans.

XXXII

Ainsi mourut, pleine de jours et de mérites, cette femme vraiment forte. Mourut : ce n'est pas bien parler entre chrétiens, dirons-nous avec saint François de Sales ; l'âme fidèle se retire en son pays, celui de tous les enfants de Dieu, et, s'il lui faut passer par la mort, ce n'est point pour s'y arrêter ; ainsi s'en alla donc dans la patrie cette admirable chrétienne. Mais le ciel, comme impuissant à contenir sa gloire, en projeta les reflets sur sa tombe et sur ses funérailles.

Les Filles de Mme de Lestonnac, d'abord accablées de douleur, sentirent bientôt leur affliction tempérée, non seulement par les pensées de l'espérance, que l'éminente sainteté de la défunte faisait germer sans peine autour de son cercueil, mais encore par les signes prophétiques de béatitude que multipliait, sur cette dépouille funèbre, un

Dieu également jaloux de glorifier sa très humble servante et d'adoucir d'inconsolables regrets.

Une parfaite flexibilité de tous les membres, substituée à cette raideur ordinaire aux cadavres; ce visage resplendissant d'un éclat surhumain, qui efface les rides de la vieillesse aussi bien que la pâleur de la mort; ces yeux que la paix du ciel illumine et qui s'obstinent à rester ouverts comme ceux d'une personne vivante; le parfum qu'exhalent ces restes inanimés, miraculeusement soustraits aux rapides décompositions de la tombe; ce mouvement de tout un peuple accouru pour contempler, pour vénérer « la sainte » : voilà certes des gages précieux de la gloire qui couronne Mme de Lestonnac dans les splendeurs du ciel.

Aussi, Dieu va prendre soin que l'histoire nous transmette une preuve irrécusable de ces premiers et magnifiques essais de sa puissance en faveur de cette âme bien-aimée.

XXXIII

Séduite par l'éclat de cette beauté toute surnaturelle, désireuse d'en conserver au moins une ombre, la Mère Supérieure résolut de faire tirer le portrait de la défunte. Déjà, durant la maladie, une première tentative avait eu lieu dans ce sens. Mais le peintre appelé avait dû se retirer devant les protestations de la mourante.

Introduit de nouveau après la mort, l'artiste se mit au travail avec ardeur. L'œuvre pourtant n'avançait pas. Plus le peintre s'appliquait, moins il paraissait content de ses coups de pinceau. On le voyait corriger sans cesse, effacer les traits déjà formés, et les remplacer par d'autres, condamnés à disparaître à leur tour, parce qu'ils n'étaient pas jugés meilleurs. Prié de s'expliquer: « Le visage que l'on me donne à peindre, dit-il, acquiert, à tous moments, un nouvel éclat que mes couleurs trop pâles ne peuvent exprimer. Il est vrai que je me sens assez d'habileté pour peindre une beauté purement humaine; mais mon pinceau s'avoue impuissant devant les splendeurs que Dieu a jetées sur ce visage. »

Il fallait pourtant achever l'œuvre commencée. « Il acheva comme il put, ajoute, en son naïf langage, l'historien que nous avons sous les yeux; et l'on fit ensuite à loisir plusieurs copies de ce portrait... Ceux qui les considèrent aujourd'hui (1782) les croient flattées et peu ressemblantes, parce qu'on ne peut s'imaginer qu'une femme de quatre-vingt-quatre ans eût cet éclat et ces grâces; mais c'était Dieu qui en était l'auteur et qui avait renouvelé le prodige fait autrefois en faveur de Judith... »

Ainsi fut dressé l'authentique mémorial des merveilles que nous venons de raconter. Les copies de ce tableau allaient bientôt se répandre et contribuer, en propageant l'image de la sainte Mère, à faire connaître et à faire imiter ses vertus.

XXXIII

Toutefois, Dieu se montrait impatient de faire rejaillir sur les diverses maisons de Notre-Dame l'éclat d'une glorification encore toute domestique. Plusieurs, en effet, avaient connu, par des moyens miraculeux, la bienheureux trépas de l'illustre Fondatrice et son entrée dans la gloire.

A Périgueux, par exemple, la nuit même qui précéda la mort, une sainte Religieuse, la Mère du Rieu, avait vu sa chambre tout à coup inondée de lumière. Croyant qu'il faisait jour et qu'elle n'avait pas entendu le signal du réveil, elle s'était levée en toute hâte ; mais la clarté mystérieuse, disparaissant aussi soudainement qu'elle était venue, l'avait laissée plongée dans les ténèbres. Le reste de la nuit s'était passé, pour la vénérable Religieuse, à réfléchir sur les causes d'un si étrange évènement.

Or, à la même heure et dans la même maison, une Sœur très fervente, en prières dans le chœur, avait aperçu pareillement une grande lumière, qui, après avoir jeté un vif éclat, s'était, elle aussi, éclipsée. Accourue, le matin, chez la Supérieure, pour lui parler de sa vision, la Sœur avait trouvé la Mère du Rieu en train de raconter la sienne; et la Supérieure, étonnée de recevoir deux confidences si parfaitement semblables par leur objet s'était alors écriée : « Notre Fondatrice est morte ! » Une révélation particulière lui avait-elle appris cette mort? On peut le présumer, et de sa grande vertu, et de ses étroites liaisons avec la Mère défunte. Elle avait été du moins bien inspirée, à cette heure. Les lettres arrivées quelques jours après établirent qu'au moment où la Supérieure annonçait la mort de la Fondatrice, Mme de Lestonnac venait, en effet, de rendre le dernier soupir.

Bientôt connus de toutes les maisons de Notre-Dame, ces prodiges y provoquèrent des élans de confiance, qui devinrent eux-mêmes le principe de nouveaux et plus insignes miracles.

XXXIV

C'étaient déjà bien des rayons épars, tombés du Cœur de Dieu sur ce cercueil. Le jour de la sépulture, ils semblèrent se grouper en faisceau, pour investir de gloire la dépouille mortelle de la sainte.

Le corps était resté cinq jours exposé dans une chapelle ardente, où la ville entière était venue le contempler. Le cinquième jour eut lieu la solennité des funérailles; elles prirent tout l'aspect d'une pompe triomphale.

L'église ornée de blanches tentures, sur lesquelles se détachaient les armoiries de l'Ordre; le chœur étincelant de lumières; la musique sacrée, mêlant, en ses lugubres et joyeuses harmonies, les leçons de la tombe et les pensées de l'espérance; l'éloge funèbre retraçant les vertus de la défunte et la faisant parler encore du sein de la mort; surtout l'indescriptible émotion de la foule animant toutes ces tristesses et toutes ces splendeurs de la liturgie catholique : n'étaient-ce pas tous les éléments d'un grand et incomparable triomphe? Tel fut, en effet, le caractère de la solennité.

On vit se produire un concours si prodigieux, l'empressement du peuple alla si loin, que la cérémonie de l'inhumation parut un instant compromise. Il fallut la remettre à la nuit et tenir secrète l'heure fixée pour l'accomplir. C'était le seul moyen de prévenir le désordre qu'aurait infailliblement entraîné l'indiscrète piété de cette multitude livrée à tout l'enthousiasme de sa foi.

Un caveau avait été creusé sous le chœur des

Religieuses. Le saint corps y fut déposé, dans un tombeau de marbre soutenu par deux colonnes. Après quelques années, il reçut une place plus honorable. Les Filles de Mme de Lestonnac voulurent avoir au milieu du chœur les restes vénérés de leur Mère, comme pour trouver dans ce voisinage béni une exhortation continuelle à chanter dignement les louanges de DIEU et à réciter avec ferveur l'office de la Vierge.

C'est là que devait rester le précieux dépôt, recevant les honneurs secrets de la piété des fidèles, jusqu'au jour où la tempête révolutionnaire viendrait troubler le silence de cette solitude, interrompre la prière que les épouses de JÉSUS-CHRIST murmuraient jour et nuit au pied de ces autels, et supprimer provisoirement le fleuve des grâces qui avait si longtemps jailli de ce cercueil.

XXXV

Déjà, sous le souffle de DIEU, ce courant surnaturel était formé ; déjà même ne suffisait plus à le contenir, cette ville de Bordeaux, si fière du berceau de Mme de Lestonnac, plus fière encore de sa tombe.

Tous les objets que la défunte avait eus à son usage, distribués pour satisfaire de pieux désirs, ou même dérobés par la sainte avidité des fidèles, s'en allaient, désormais instruments de miracles, semer les guérisons soudaines, les touchantes préservations, répandre en tous lieux la divine vertu dont ils étaient imprégnés, et, en justifiant la confiance des cœurs, signaler partout le crédit de la sainte auprès de Dieu.

La maison de Notre-Dame, à Périgueux, fut le théâtre d'une de ces premières faveurs.

La Mère du Rieu, que nous avons eu déjà l'occasion de nommer, marchait, de nuit et sans lumière, dans une galerie laissée imprudemment ouverte à l'un des points extrêmes. Elle en parcourut toute la longueur. Arrivée ainsi à la dangereuse issue, elle ne soupçonna pas même le péril, et, fatalement, posa son pied dans le vide. La pauvre Religieuse tomba de tout son poids sur un monceau de pierres. L'accident devait être mortel, car la Mère du Rieu n'était plus jeune, et la chute avait été profonde. Quelques Sœurs accoururent au bruit, et, voyant l'infortunée étendue sur le sol, ne doutèrent pas qu'elle ne fût morte ou grièvement blessée. Aussi, leur surprise fut grande, quand elle déclara n'avoir aucun mal. Et comme on la pressait de questions : « Au moment de la chute, dit-elle simplement, je tenais dans mes mains le chapelet de la sainte Fondatrice, et j'étais même occupée à l'égrener. J'invoquai avec amour notre bienheureuse Mère; je pressai sur mon cœur son chapelet... C'est lui qui m'a sauvée ! »

On rendit au ciel des actions de grâces solennelles pour une si merveilleuse protection. C'était justice. Le chapelet devenait, une fois de plus, instrument de miracles. Dieu venait de le faire servir à la gloire de sa servante. Marie, usant d'une charmante délicatesse, s'effaçait pour laisser paraître son humble coopératrice; et, s'ouvrant comme un double chemin vers le cœur de ses filles, empruntait la voix de leur seconde Mère, pour leur recommander ce tribut quotidien de filial amour, son Rosaire béni.

XXXVI

Attachée à ces signes sensibles, qui lui servaient aussi bien à étendre qu'à localiser son action, la divine puissance n'en faisait pas pourtant la condition nécessaire de ces miraculeuses faveurs. Quelquefois elle semblait s'abandonner absolument à la disposition de la vertueuse défunte, et accomplissait les plus étonnants prodiges, sans autre intermédiaire qu'un signe de sa volonté ou même un désir de son cœur.

Déjà, durant sa vie, l'illustre Fondatrice avait

reçu le don de commander en souveraine aux maladies des âmes et aux souffrances des corps. C'est ainsi qu'un jour, d'un seul mot elle calma une Sœur, que la méditation des vérités éternelles mal comprises avait jetée dans un commencement de désespoir. « Courage, ma fille ! » lui dit-elle, et la tempête fut à l'instant dissipée. Une autre fois, émue de compassion pour une Religieuse livrée à d'insupportables douleurs, elle se contenta de lui poser la main sur la tête ; et aussisôt la Religieuse fut guérie.

Mais ce n'étaient là que des préludes aux merveilles qui devaient suivre sa bienheureuse mort. Nous n'entreprenons pas de les raconter ; ce récit nous demanderait encore bien des pages. Qu'il nous suffise de dire qu'après son entrée dans la gloire, la Mère de Lestonnac parut plus que jamais toute-puissante sur le Cœur de Dieu, et que, si elle usa de son crédit en faveur d'un nombre infini de personnes, elle l'employa surtout à protéger l'œuvre de son cœur, la Compagnie de Notre-Dame.

Nous ne résistons pas au plaisir de citer un exemple touchant de cette sollicitude maternelle, qui devait s'affirmer par tant d'autres prodiges.

Quelques années après la mort de la sainte Fondatrice, la maison de Notre-Dame, à Poitiers, fut délivrée par son secours d'un extrême péril. Des gens mal intentionnés avaient formé le projet d'escalader le mur de clôture du jardin. Déjà les malfaiteurs s'élançaient à l'assaut du monastère lorsqu'ils virent apparaître, debout sur le mur, une Religieuse de haute taille, d'un air majestueux et menaçant. Plusieurs des assaillants avaient vu Mme de Lestonnac durant sa vie ; ils reconnurent ses traits. Devant la terrible apparition, la troupe entière fut saisie d'épouvante, et se retira aussitôt en désordre, heureuse de se soustraire par la fuite à de plus rigoureux châtiments.

XXXVII

En mentionnant les merveilles qu'il a plu à Dieu d'accomplir en notre bienheureuse, sommes-nous en droit de passer sous silence le long miracle de l'incorruptibilité de son corps ?

« Ce qu'on ne doit pas omettre, écrivait vers le milieu du dix-huitième siècle, plus de cent ans après la mort de l'illustre Fondatrice, l'historien que nous avons déjà cité, ce qu'on ne doit pas omettre, et par où nous terminerons cet ouvrage, c'est le miracle toujours subsistant de l'incorruptibilité de son corps depuis plus d'un siècle..... Ce corps a encore ses chairs, et conserve toute la flexibilité qu'il avait quand il était vivant. Cette merveille, qui n'a jamais discontinué depuis le temps de son décès, vient d'être attestée de nouveau par une lettre que nous avons entre les mains, écrite à Bordeaux, le 25 juillet 1742, par la Supérieure de la maison de Notre-Dame de cette ville. »

Certes ces lignes renferment une preuve bien explicite du miracle permanent qui nous occupe ; mais elle n'est pas la seule que nous ayons à produire.

Dès la quatrième année après la mort, 1644, on avait ouvert le cercueil, pour en retirer une relique destinée à la Supérieure de la maison de Béziers ; et le saint corps avait été trouvé dans un état de conservation parfaite.

Quarante ans après l'inhumation, 1680, une nouvelle visite avait accusé de nouveau la permanence du miracle.

Dès lors, chaque année, le 1er mai, on prenait soin de remplacer le vestiaire de la sainte, pour contenter la piété des diverses communautés de Notre-Dame, non moins que celle des fidèles, avides, eux aussi, de ces précieuses dépouilles. Chaque année donc apportait sa preuve en faveur de l'intéressant prodige. Le prodige durait toujours. Cette chair, sanctifiée par l'Eucharistie, non seulement défendait sa fraîcheur contre les flétrissures de la tombe, mais encore imprégnait de sa vertu tout ce qui l'approchait, et, préludant aux gloires de la résurrection, semblait rayonner en douces clartés sur les âmes et les corps.

XXXVIII

Survint 89 et puis 93. Une heure arriva, où un terrible vent d'orage soulevait jusqu'aux pierres des sépulcres, dispersait jusqu'aux ossements des morts et jetait aux quatre coins du ciel les reliques des saints. Les Filles de Notre-Dame, qui l'avaient déjà senti passer sur leurs têtes, tremblèrent pour leur trésor et tentèrent de le sauver. M. de Galethau, parent de la sainte, reçut de leurs mains le dépôt sacré.

Mais, alors aussi, bien des gens étaient proscrits au nom de la liberté. M. de Galethau eut l'honneur d'être de ce nombre : il fut mis en arrestation. Le dépôt mystérieux bientôt découvert fut livré à la commune ; et la caisse qui le contenait prit, sous bonne escorte, le chemin de la mairie.

Informé de la capture, Isabeau, représentant du peuple, renvoya au Comité de surveillance l'instruction de cette grave affaire.

Mais les délibérations du conseil se prolongèrent ; la prise sacrilège donnait maints embarras.

Grâce à ces retards, les précieux restes demeurèrent longtemps exposés à la vénération publique.

« Allons voir la sainte ! allons voir la sainte ! » se disait-on bien bas de toutes parts. Et, en pleine terreur, à l'heure où les églises pleuraient de se voir désertes, la mairie était changée en sanctuaire, et les salles de la commune, transformées en un lieu de miracles, se remplissaient de pieux pèlerins.

XXXIX

On s'aperçut, au tribunal révolutionnaire du « mouvement de la superstition, » comme on disait alors en un langage redevenu païen ; la sentence ne se fit plus guère attendre. Elle fut digne de ceux qui la portaient. Il était décrété qu'une fosse serait creusée dans le jardin de la commune et que dans cette fosse seraient précipités les restes de la « *ci-devant* Religieuse. » Mais ce n'était pas assez pour assouvir tant de haine d'un si ignominieux traitement. Ici se présente un tel raffinement de scélératesse que notre plume hésite à le décrire. Pour déconcerter plus efficacement, pour étouffer à jamais les menées du fanatisme, en déshonorant le saint corps, on ordonnait qu'un cheval fût jeté en même temps dans la fosse préparée. Telles sont les brutales folies qu'enfante la passion antireligieuse.

Hâtons-nous de le dire, Dieu, qui gardait le

corps de sa servante, ne permit pas la réalisation de ce plan sacrilège. La précieuse dépouille fut enterrée séparément, à plus de huit pieds de distance. C'était un outrage, sans doute, que le seul fait de cet inconvenant et hideux voisinage. Mais cela même devait tourner à bien. Au jour marqué par DIEU, le repoussant squelette devait faciliter les recherches et amener la découverte du saint corps.

Vingt-neuf ans plus tard, en effet, en 1822, les Filles de Notre-Dame, qui avaient survécu aux coups de la tempête, se virent un matin réunies, et tournèrent aussitôt les regards vers la tombe de leur Mère. De concert avec les autorités publiques, des fouilles furent entreprises. Pendant toute la durée des travaux, la multitude, accourue avec un pieux empressement, ne cessa de multiplier les témoignages de sa vénération. D'utiles renseignements furent fournis par le soldat qui avait été chargé de déposer le corps dans la fosse, et qui, pour avoir des reliques, disait-il, avait gardé le voile de « la sainte. » Bientôt le squelette destiné à devenir un moyen de profanation dénonça le voisinage de l'auguste dépouille. On renouvela de précaution dans le travail, et, au sein de la foule, les marques de respect s'accentuèrent encore. Enfin, on aperçut, ou plutôt l'on devina le corps enveloppé comme dans un linceul de terre qui le dérobait aux regards. Deux Religieuses de Notre-Dame, les seules présentes en ce moment, un prêtre, puis la multitude, tombèrent à genoux; et l'on vit se produire une véritable explosion de joie, de piété et de prières. Le corps gardait encore sa forme naturelle; mais on n'arriva pas à le déplacer sans le déformer beaucoup. Ce ne fut pour personne un prétexte de lui décerner moins d'honneurs; la cité entière sembla se recueillir pour préparer à sa glorieuse sainte un triomphe sans exemple.

L'autorité ecclésiastique fit d'abord toutes les constatations d'usage. Puis, le 28 décembre 1822, jour fixé pour la translation solennelle, les précieux restes furent portés, parmi d'indescriptibles enthousiasmes, de l'hôtel de la mairie à la Métropole. Il parut à tous que Dieu s'entendait bien à glorifier sa servante, et que sa providence choisissait la meilleure réparation des outrages passés, en faisant revivre, à bien près de deux cents ans de distance, les splendeurs des premières funérailles. Quant au saint corps, il fut escorté, par tout un peuple en prières, de la Métropole à Notre-Dame. En retrouvant sa première place, il allait reprendre le cours interrompu de ses miraculeux bienfaits.

XL

Nous abrégeons à regret cette émouvante histoire, pour signaler, en finissant, la relique par excellence de la servante de DIEU, nous voulons dire l'Œuvre qu'elle a fondée et qui subsiste encore.

Cette Œuvre fut emportée, avec tant d'autres institutions catholiques, par le flot de la Révolution. Mais, ce flot passé, la Compagnie de Notre-Dame reparut.

Elle est aujourd'hui plus que jamais militante. On la voit, en effet, maintenir vaillamment ses écoles ouvertes en face des écoles sans DIEU, et, comme aux jours de l'illustre Fondatrice, abriter des légions d'âmes innocentes sous la blanche bannière de MARIE.

Cette salutaire influence grandira encore ; elle neutralisera, au cœur de la jeunesse, le poison des doctrines perverses qui lui sont servies de toutes parts. Et comme gage de ces gloires nouvelles, la Mère Jeanne de Lestonnac daignera, nous l'espérons, multiplier autour de nous ses miracles et conquérir ainsi une place définitive sur nos autels.

Déjà de précieux résultats sont acquis. Dès 1826, Mgr d'Aviau, archevêque de Bordeaux, après avoir conduit à bonne fin le double procès sur le *non-culte* et l'*opinion de sainteté*, sollicitait pour la Mère de Lestonnac les honneurs de la béatification. Mgr de Cheverus, et avec lui un grand nombre d'évêques, renouvelaient ces pressantes instances. Enfin, le 6 septembre 1834, Grégoire XVI déclarait Jeanne de Lestonnac *Vénérable*.

Actuellement, la cause se poursuit activement à Rome. La sentence définitive serait déjà portée sans doute, si la Révolution, en faisant la nuit sur le glorieux passé de l'Ordre de Notre-Dame, n'avait rendu la procédure plus laborieuse et plus longue.

Malgré ces retards, nous sommes autorisés à bien augurer de l'avenir. Si les archives de l'Ordre ont été bouleversées par l'orage, si les antiques miracles ne sont plus d'une constatation facile, ni le bras de Dieu n'est raccourci, ni le crédit des saints sur son Cœur n'est diminué.

Les miracles reparaîtront ; ils ont reparu.

Des faveurs merveilleuses, obtenues par l'intercession de la vénérable Fondatrice, sont signalées de tous côtés ; et la divine vertu, nous dit-on, déborde plus que jamais de son cercueil.

Le jour n'est pas loin où le Vicaire de Jésus-Christ exauçant des désirs bien des fois exprimés, attachera au front de la vénérable Jeanne de Lestonnac le diadème d'honneur que l'Église, par l'ordre de Dieu, dépose ici-bas sur la tête des Saints.

A la suite d'un résumé de cette notice inséré dans le *Messager du Cœur de* Jésus, livraison de décembre 1883, le R. P. Ramière ajoutait la note suivante :

La lecture de cette Notice inspirera sans doute à plus d'un lecteur le désir de s'adresser à la Vén. Jeanne de Lestonnac, pour obtenir, par son intercession, des faveurs semblables à celles par lesquelles Dieu a déjà glorifié sa généreuse servante. Pour faciliter la réalisation de ce pieux désir, la Rév. Mère Supérieure du monastère de Toulouse est disposée à fournir aux personnes qui lui en feront la demande, des parcelles des linges posés sur les ossements de la Vénérable. On voudra bien s'adresser *directement* à Mme la Supérieure du couvent de Notre-Dame, rue Pharaon, Toulouse..

Henry Ramière.

COMMUNAUTÉS DE NOTRE-DAME

FRANCE

Bordeaux.............	Gironde.
Poitiers	Vienne.
Toulouse..............	Haute-Garonne.
Rodez................	Aveyron.
Saint-Geniez..........	»
Tournemire	»
Milhau...............	»
Saint-Julien-d'Empare.	»
Villeneuve............	»
Pamiers	Ariège.
Tournon	Ardèche.
Narbonne	Aude.
Carcassonne	»
Castelnaudary	»
Ussel.................	Corrèze.
Saint-Flour...........	Cantal.
Mauriac..............	»
Salers................	»
L'Isle-en-Jourdain.....	Gers.
Masseube.............	»
Limoges..............	Haute-Vienne.

Saint-Léonard........	Haute-Vienne.
Le Puy...............	Haute-Loire.
Pradelle..............	»
Vienne...............	Isère.
Langogne............	Lozère.
Issoire................	Puy-de-Dôme.
La Flèche............	Sarthe.
Albi..................	Tarn.
Lautrec...............	»
Beaumont-de-Lomagne	Tarn-et-Garonne.
Cavaillon.............	Vaucluse.

ESPAGNE

Barcelone............	Catalogne.
Tarragone............	»
Urgel................	»
Solsona..............	»
Lérida...............	»
Manreza..............	»
Tudela...............	Navarre.
Saragosse............	Aragon.
Vergara..............	Guipuscoa.
Calella...............	»
Saint-Sébastien.......	»
Santiago..............	Galice.
San-Fernando........	Andalousie.
Santander............	Vieille-Castille.
Valladolid............	Royaume de Léon.
Orduna...............	Biscaye.

ITALIE

Rome................	États-Pontificaux.
Orvieto...............	»
Naples................	Deux-Siciles.

AMÉRIQUE

Mexico...............	Mexique.
N.-D. du Pilier........	»
N.-D. de Guadalupe...	»
Aguas Calientes.......	»
Irapuato.	Guatemala.
Mendoza..............	République Argentine.
Santa-Fé de Bogota ...	Nouvelle-Grenade.
Molina de Talia.......	»
Santiago du Chili.	»

LE

PÈRE JEAN DE BORDES

DE LA COMPAGNIE DE JÉSUS

COOPÉRATEUR

DE LA VÉNÉRABLE MÈRE DE LESTONNAC

DANS LA FONDATION

De l'Ordre des Filles de Notre-Dame.

LE P. JEAN DE BORDES

DE LA COMPAGNIE DE JÉSUS

Coopérateur de la Vén. Mère de Lestonnac, dans la fondation de l'Ordre des Filles de Notre Dame [1],

Né à Bordeaux en 1559, mort à Sainte-Marie-d'Oloron le 2 avril 1620.

Le second jour d'avril de l'an 1620 mourut dans la mission du Béarn, à l'âge de 61 ans, après avoir passé quarante-deux années au service de DIEU dans la Compagnie de JÉSUS, le P. Jean de Bordes, ancien recteur des collèges d'Agen et d'Auch, coopérateur de la V. Mère de Lestonnac dans la fondation de l'Institut des Filles de Notre-Dame.

Le zèle et les immenses travaux de cet homme de DIEU, l'un des plus grands, des plus saints, des

[1] *Ménologe de la Compagnie de* JÉSUS, *Assistance de France*, par le P. Elesban de Guilhermy. — Complété d'après le P. Alegambe.

plus savants hommes du premier siècle de la Compagnie dans le monde entier, l'ont fait appeler justement le François Régis de la Saintonge, des vallées béarnaises, du Lavedan, d'Aspe et d'Oloron.

Ce que nous racontent de lui, dès sa jeunesse, les historiens de la Compagnie tient vraiment du prodige. Il avait appris et possédait, dit le P. Alegambe, tout ce qu'un homme peut apprendre. Médecine, botanique, cosmographie, mathématiques, musique, peinture, lettres divines et humaines, universalité des arts et des sciences, il était capable de tout enseigner. Il professa la philosophie et la théologie avec le plus grand succès. Ses leçons excitaient un tel enthousiasme que la peste ayant envahi soudain la ville de Milan, où il enseignait la rhétorique, la jeunesse milanaise le suivit en foule dans un bourg voisin où il poursuivit son cours d'éloquence. Provoqué à l'improviste dans ses missions par des ministres calvinistes qui avaient amassé de longue main et lui citaient des pages entières de textes grecs et hébraïques, il y répondait sur-le-champ et leur fermait la bouche par les auteurs mêmes qu'on lui opposait.

Ce grand zélateur des âmes s'affligeait vivement des ravages de l'hérésie parmi la jeunesse, surtout parmi les jeunes filles de la noblesse du Midi, et il suppliait avec larmes le Sauveur et sa sainte Mère d'apporter remède à un si grand mal, lorsque le 23 septembre 1605, pendant qu'il offrait à l'autel le saint sacrifice, il fut tout à coup ravi en extase, et apprit par révélation que la Reine du ciel, « en qualité de Reine des Apôtres, » voulait avoir une Compagnie qui portât son nom, comme son divin Fils Jésus, le Roi des Apôtres, en avait une. Puis, quelques jours après, comme il implorait de nouveau le secours divin, pour savoir quel serait l'instrument de cette grande œuvre, encore au milieu du saint sacrifice, saint Pierre et saint Jean lui apparurent. Saint Pierre lui désigna pour coopératrice, choisie de Dieu, la vénérable Jeanne de Lestonnac, dont il ne put cependant obtenir l'aveu et vaincre entièrement les résistances qu'après lui avoir prophétisé les croix et les ignominies que lui vaudrait, au lieu d'honneurs, la fondation des Filles de Notre-Dame. Aussi, comme témoignage de reconnaissance, le nom de saint Ignace est aujourd'hui encore le premier, après celui de Marie, invoqué dans les litanies pour la profession de chaque nouvelle fille de la Vénérable, et Jean de Bordes est reconnu et vénéré dans l'Ordre comme fondateur.

L'établissement de ce nouvel Institut ne fut pas le seul témoignage de la grande dévotion du P. Jean de Bordes à la très sainte Mère de Dieu.

La veille des fêtes de Marie, il passait la nuit entière occupé à prier ou à entendre les confessions. Partout et toujours il parlait de Marie, il exhortait à aimer Marie ; il encourageait les serviteurs de Marie ; et entendant un jour certains magistrats, oublieux de leur caractère et de leurs devoirs, s'exprimer en termes peu mesurés sur le compte des Congréganistes de la sainte Vierge, le courageux missionnaire n'hésita pas à leur fermer la bouche aussitôt par une sévère réplique.

C'est à l'inspiration et aux instances de ce grand serviteur de Dieu que la Compagnie de Jésus fut redevable de la sainte mission du Canada. Le P. Jean de Bordes avait obtenu du roi de France l'établissement de cette grande œuvre par l'entremise et le crédit du vénérable P. Pierre Coton. Après avoir fait ériger la mission nouvelle, il lui assura les secours nécessaires, grâce à la générosité de l'évêque de Bazas, qui se chargea de pourvoir à l'entretien d'un certain nombre de missionnaires. Mais le P. de Bordes n'eut pas la joie, selon ses désirs, d'être le premier apôtre des sauvages. Notre-Seigneur lui destinait pour ses dix dernières années le sol, non moins stérile et dur à défricher, de la mission du Béarn, livré depuis près d'un demi-siècle à l'hérésie. Le P. de Bordes se trouvait préparé à ces importants travaux par des études spéciales et par des conversions nombreuses obtenues sur d'autres points. On l'avait vu en 1608 renouveler la ville entière de Saint-Jean-d'Angély, en Saintonge, jusqu'alors vouée au calvinisme. Divers ouvrages de polémique, composés par Jean de Bordes, nous montrent aussi combien la controverse lui était familière, et avec quelle science et quelle adresse il savait réfuter les sophismes de l'hérésie[1]. Ce qu'il trouva d'ignorance, de superstitions et de corruption semble défier toute croyance, et peut expliquer en partie les prompts et désolants succès de l'erreur sous Jeanne d'Albret. La vie du serviteur de Dieu, durant les dix années qu'il consacra au salut de ces pauvres âmes, fut d'ordinaire, suivant l'énergique expression de l'Apôtre et à son exemple, « une vraie mort de chaque jour. » Réduit tantôt à errer, même la nuit, au travers des bois et des

[1] Nous devons à l'obligeance d'un savant bibliographe, le R. P. C. Sommervogel, de la Compagnie de Jésus, l'indication exacte des ouvrages publiés par le P. Jean de Bordes :

I. — Les vrays abus des prétendus abus de la Messe, pour response à B. de Loque, ministre de Castel-Geloux. A Monseigneur le Mareschal de Biron. A Bourdeaus, par Millenges, 1598 (in-8°, 8 feuillets non chiffrés, 423 pages et 8 feuilles de table).

II. — Les Et Cætera de Du Plessis, parsemez de leurs Qui pro Quo, avec autres de l'Orthodoxe mal nommé, Rotan, Loque, Vignier et quelques prétendus ministres. Le tout sur les poincts de la S. Messe, Eucharistie et autres principaux,

montagnes, pour y découvrir, çà et là, de pauvres catholiques abandonnés, tantôt à ne trouver, au milieu des villes, d'autre abri et d'autre refuge qu'une masure ouverte ou la place publique; regagnant à la foi romaine, bien plus par sa charité que par son ardente parole, de pauvres mendiants, des malades, qu'il ramassait et portait jusqu'à l'hôpital sur ses épaules; pansant de ses mains leurs plaies les plus dégoûtantes; poussant l'amour des indigents jusqu'à se défaire de ses chaussures, pour les donner à ceux qu'il rencontrait sur son chemin; parfois se travestissant,

controversés de présent en la Religion chrestienne. A Monseigneur l'Illustrissime Cardinal de Sourdis, archevesque de Bourdeaus et Primat de Guyenne. Par un Prestre natif de Bourdeaus, etc. A Tolose, par la vefve de Jacques Colomiez, 1600 (in-8°, 133 feuillets, sans les liminaires et les tables).

III. — Nouveaux Advis du grand royaume de Chine, escrits par le P. Nicolas Lombard, de la Compagnie de Iesus, et traduits en françois par le P. Jean de Bordes, Bourdelois, de la mesme Société. A Paris, jouxte la coppie imprimée à Agen Rolin Thierry et Eustache Foucault, 1602 (in-8°).

IV. — Recit veritable de la glorieuse mort de vingt-six chrestiens mis en croix par le commandement du roi du Jappon, le 5 février 1597. Paris, 1604. (On ne peut néanmoins affirmer absolument que cet ouvrage soit du P. de Bordes).

V. — Du Saint Sacrifice de la Messe, contre Calvin.

VI. — De Æde Saranziensi, 1620 (cité par le P. Cordara, *Histor. Societ. Jesu,* sous l'année 1620. — (C'est un opuscule sur N.-D. de Sarrance).

quand il le pouvait, pour venir à bout d'aborder des populations calvinistes qui avaient ordre de le fuir, sous peine d'anathème, comme un suppôt d'enfer, ou pour attirer au combat les plus savants émissaires de Genève, dont pas un n'osait l'affronter ; fait prisonnier par les hérétiques, traîné devant les tribunaux, abreuvé d'outrages, honteusement chassé de tout le Béarn, où il reparaissait bientôt au péril de sa liberté et de sa vie : il ne lui manqua, aux yeux des hommes, que l'auréole, mais non la patience, des martyrs. Rencontré un jour dans ses missions par le célèbre évêque d'Aire, François Cospeau, il excita au plus haut point l'admiration du savant et pieux prélat, par le spectacle de son zèle admirable et de sa vie pauvre et mortifiée : « Homme vraiment apostolique ! s'écria le grand évêque ; à plus de soixante ans il retrouve les forces de la jeunesse dans le désir qui l'enflamme de servir son Dieu ! »

La bonté divine, qui avait conservé le P. Jean de Bordes pour le salut d'une multitude d'âmes, lui donna l'ineffable consolation de voir refleurir en ces contrées le culte solennel, depuis longtemps aboli, de la Reine des cieux et du Sacrement adorable de nos autels.

Épuisé de forces, et d'ailleurs averti par révélation que sa délivrance était proche, il ne songea plus qu'à s'y préparer, peu après avoir publié, en faveur de la piété catholique, l'histoire de Notre-Dame de Sarrance, dont il avait relevé le pèlerinage, et mis la dernière main au recueil des règles et constitutions qu'avait réclamé de son dévouement l'Ordre de la Reine des Apôtres.

Enfin, lorsque la nouvelle se répandit qu'il restait à peine quelques heures de vie au saint missionnaire, les chanoines de Sainte-Marie d'Oloron lui portèrent en procession le chef d'un saint évêque, l'une des reliques les plus vénérées de leur trésor, voulant payer ainsi solennellement un dernier tribut de vénération et de reconnaissance à ce grand apôtre des Béarnais.

TABLE

www.ingramcontent.com/pod-product-compliance
Ingram Content Group UK Ltd.
Pitfield, Milton Keynes, MK11 3LW, UK
UKHW021109260726
13994UKWH00002B/796